共に泣いてくれる人

李《リ》基憲《キホン》著

サンパウロ

함께 울어주는 이
Written by 이기헌 (Lee Ki-heon)

Originally published by Pauline Books & Media, Seoul, Korea.

推薦のことば

私がローマ留学を終えて帰国したのは、バブル経済が崩壊した一九九〇年代の頃でした。その当時、李基憲《リキホン》司教様はソウル教区の一司祭として東京の韓人教会の主任司祭として関口で働いておられました。私も関口の東京教区の教会裁判所に定期的に通っていたので、然るべくご紹介を受けたのが初めての出会いだったかと思います。韓国に戻られた後、一九九九年に軍宗教区（軍隊付き）の司教に就任なさいました。同年、私自身も横浜教区の司教に任ぜられ、以後、日韓司教交流会を通して親しくなりました。日本語の堪能な李司教様は交流会の世話役を自らお引き受けくださり、長い間、献身的にご尽力くださいました。そのおかげで交流会も軌道に乗り、近年二十五周年を祝うことができました。一方、二〇一〇年からは北朝鮮と国境を接する議政府《ウィジョンブ》教区の教区長となられ、前任者で初代教区長の李漢澤司教様に引き続いて今日まで横浜教区に常時三名の司祭を派遣してくださっています。いわば姉妹教区のような関係にあったものですからさらに関係を深めるようになり、今回の本の出版にも関わることになったという次第です。

李司教様の経歴を含めた前置きが長くなってしまいました。李司教様はいつも穏やかで、ゆったりとした、魅力的な方です。今の日本では稀な存在となった「義理堅く人情深い」方でもあります。司牧者としては「放蕩息子の父親」のようなやさしさを持ち合わせた方です。今回、二〇一七年末に韓国で出版されたこの本を通して、李司教様のお人柄の由縁《ゆえん》を初めて知ることになりました。それはまた同時に、自らの信仰者としての生き方、また人としての在り方を見直す好機ともなりました。この本を手にする読者の皆さんにとっても、私と同じような機会となることができればと願っています。

「殉教者の血は信仰の種」と言われて来ました。著者の李基憲司教様は自らの出自をもって「殉教者の子孫」とおっしゃっておられます。ご両親をはじめ、ご家族の皆さんがそのような自覚と矜持をもって信仰生活を送ってこられたと述懐されています。それは、かつての長崎のカトリック信者の方々と同じです。家族そろって朝晩祈り、子供の時から足しげく教会に通い、日曜日には必ず家族そろってミサにあずかるなどして信仰を保って来ました。信仰が自らの血肉となっているのです。すこぶる素朴な、それでいて極めて純粋な信仰です。そのような信仰者の信仰生活は、スマートに生きる現代人にとっては、泥臭くて決して「カッコよい」ものではないかもしれません。個人的には、日本のカトリック信者の多くが知的偏重の信仰に終始してしまっているように思えてなりません。しかし、フランシスコ教皇は教会の使命とされる福音宣教に関する使徒的勧告『福音の喜び』の中で「民間の霊性」とも呼ばれる「民間信仰」をとても評価なさっておられます。「今、わたし（フランシスコ教皇）が思い出しているのは、彼らの強い信仰です。信条《クレド》の信仰箇条を知らなくとも、病気の子どものベッドの足元で熱心にロザリオを唱える母親たちのことです。マリアの助けを求めて、質素な家にともされたろうそくに心からの希望を寄せる人々、十字架のキリスト像に親しみを込めたまなざしを向ける人々のことです。」（125項）と語っておられます。李司教様の回顧録を通して、私自身も教皇様と同じ思いを抱くようになりました。

どうしても触れておきたい点がもう一つあります。同じ民族でありながら、異なる国に分断されてしまったという体験です。李司教様は韓国の司教団の中で長年にわたり、民族統一のための委員会の長を務め、統一のために力を尽くして来られました。朝鮮戦争で国が分断されただけではありません。李司教様とそのご家族は、お姉さま方を北朝鮮の平壌《ピョンヤン》に残したまま逃げ惑い、結局は家族そのものが離散してしまい分断されてしまったのです。お姉さま方とは再会を果たせぬまま死に別れてしまいました。その痛みは、今日、他国で働き生活せざるを得ない人びとへの共感ともなっています。望郷の念を抱きながらもなお異国で生きていかざるを得ない人びとへの李司教様の深い思いは、他の多くの人びとの共感を呼び起こすものと確信しています。

ウクライナをはじめ、戦火の止まない国々の人びとを想うとき、日本の教会の多国籍化を考えるとき、この本の持つ意味合いも異なって来るような気がします。ぜひ、一人でも多くの方に読んでいただきたいと切望しています。

カトリック横浜教区司教　ラファエル梅村昌弘

出版にあたって

時々、無性に文章を書きたくなります。休暇がとれた時や長い連休がいただけた時には、まず何をして過ごそうかと考えます。そんな時、真っ先に思い浮かぶのが読書をするか文章を書くかで、どちらにするか、いつも悩みます。毎月一度巡ってくる議政府《ウィジョンブ》教区（注1）の司牧月刊誌『木陰』への原稿執筆は、プレッシャーではありますが、私にとって楽しい仕事です。以前から、「司牧者らしいエッセイを書いてみたい」と常々思ってきました。司牧の現場で出会った忘れがたい人たち、善きサマリア人に似た姿を見せてくれた人たち、そしてラザロの死とその死に涙されたキリストの姿を彷彿とさせた人たち、そうした数々の思い出を多くの皆さんと共有したいと思ったのです。

私には神学生時代から持ち続けていた夢がありました。それはジョルジュ・ベルナノス（注2）の『田舎司祭の日記』に登場する小さな教会の神父のように、「感動なしでは語れない！」と言えるような教会の司祭になりたいという夢でした。なぜなら、そんな教会にはエッセイを書くための話の種がいっぱいありそうですからね。今、私の書斎には、初めて司牧を担当した教会の水彩画が架かっています。それを眺めながら文章を書く時間は、私がこれまで生きてきた日々をそっと取り出してみる時間でもあります。これからも私は、文章を書く時間を大事にして生きていきたいと思っています。

二〇一八年　聖母月にて

カトリック議政府《ウィジョンブ》教区長　ペトロ李《リ》　基憲《キホン》

目次

目　次

母の想い出のこと

ある日、一緒に生活している神父様のお母様が亡くなり、その葬儀を執り行いながら、数年前に天に召された私の母のことがしきりと思い出され、懐かしさと恋しさが募りました。

九十歳を超えても元気だった母は、口癖のように「どうして神さまは、私を早く天国に連れて行ってくださらないのかな」と、いつも言っていました。

そこで私が、「お年寄りが早く死にたいと言うのは、本心じゃないって言いますよ」と茶化しますと、母はむきになって、「そんなことはないよ。私は本当に天国に早く行きたいんだよ、本当にね！」と言うのが常でした。

神さま、教会、そして祈り。この三つがなかったら、母はどんなふうに人生を生きたのでしょう。そして母は、自身が何より大切にしていたこの三つ全てを、私たち兄弟姉妹に残してくれました。

母は「3・1独立運動」(注3)があった一九一九年に、現在の北朝鮮の平壌《ピョンヤン》で生まれました。当時は日本の統治時代でしたから、その幼少期は明るいものではありませんでした。ただ母は、父と同じく先祖に殉教者を持つ家系でしたので、幼い頃からしっかりと信仰教育を受けていて、教会に通うことを大きな楽しみとしていた人でした。教会には大きな慰めがあったのです。

とくに教会が運営していた聖母学校に通うことができた母は、将来、修道女になるという夢を抱いていました。長じて平壌にあった「永遠の援助の聖母修道女会」に入会しましたが、数年後に病気を患って、自宅療養中に父に出会ったということでした。

母が結婚した一九四〇年の初めは、日本が戦争の準備で騒然としていた時期でした。その後、終戦によって韓国は解放を迎えましたが、朝鮮半島はイデオロギーが対立する激しい混乱のさ中でした。その後の母の人生は、共産党の権力集中と北朝鮮地域における宗教弾圧、平壌地区で働いていた司祭や修道者の逮捕と迫害、そして殉教を間近で体験した、言葉では言い表せないつらい体験を味わいました。朝鮮戦争の勃発と命がけの韓国への逃避行、釜山《プサン》での避難生活、極貧時代に子育てをしなければならなかった日々の苦しみ、そしてそうした貧しい生活の中でも、わが子に教育を受けさせようと一生懸命生きたこと等々、その無私の生き方は世の多くの母親たち同様、偉大だったと今さらながらに思うのです。

そして時は流れ、母は愛してやまなかった天の御父のもとへと旅立ちました。今、司教館の裏庭に建っているマリア様のご像は、両手を広げていつも私を見守ってくださっているかのようです。このマリア様を眺めていますと、その背後にいつも母の姿が浮かんできます。ある時は幼かった私の手を握ってくれている若い母の姿で、またある時は笑顔いっぱいの白髪《しらが》のおばあちゃんの姿で現れてきます。

母の一生は苦労続きの連続でしたが、母にとっては神さまと聖母マリア様がどんな時でもいつも共にいてくださいましたので、その時々の苦しみや貧しさといったものは問題ではなく、それらはむしろ神さまの近くに、より寄り添える道となったのです。

その生涯を通じて、あなたの子である私たち兄弟姉妹が神さまの子供として生きていくことをひたすら願い、祈っていたお母さん。あなたの祈りによって、私たち兄弟は皆、神さまと教会に忠実な信仰生活を送っています。そしてあなたの長男である私は、その人生を教会に奉仕する者として一生懸命生きていますから、どうか安心してください。

今は天国ですべての思い煩いから解放され、聖母マリア様と共に、どうか世界の平和と、分断の苦しみにある朝鮮半島の統一のためにお祈りください。

天国で再び会いましょう

お盆を前にしたある日、両親のお墓参りに行ってきました。墓地には私が神学生だった頃、兵役に就いていた時に亡くなった父、そして最近亡くなった母と姉が眠っています。この墓地は私にとって、とても大切な場所です。

父は私が神学生の時に亡くなっていますから、私が司祭になった姿を見ることはできませんでした。生前ずっと、私が司祭になることを夢見ていた父でしたから私が司祭になり、そして司教になったのを知ったらどんなにか喜んだことでしょう。さらに、父が眠っているこの議政府《ウィジョンブ》の地は、私が司教として司牧を委ねられている教区の中にあります。墓前で祈りをささげながら、父が私の管轄教区の信者であることを彼はとても喜んでくれているだろうと思い、しばし感慨にふけりました。この世で私が一番身近に感じ、また一番愛していた肉親たちが眠っているお墓を訪ねることは、私にとってまさに胸躍《おど》ることなのです。

お墓参りは年に二、三回ですが、歳月の流れに比例して墓参の度ごとになお切なさを感じるというのは、致し方ないもののようですね。

昨年のお盆の時は、さらに切なさを感じました。父が亡くなってもう五十年近くになりますが、お墓の墓碑に刻まれた「愛するお父様、天国で再び会いましょう」という文字に、改めて懐かしさと共に、悲しみがこみ上げてきました。

父が亡くなった時、目上の親戚から「(あなたが墓石に刻む) 碑文を考えてみたら」と言われました。それで、「自分が父に最後に聞かせてあげたかった言葉は何だろう」と一生懸命考えてみました。それと同時に、神さまを信じて人生を生き抜いた父が、生涯の最後の瞬間に神さまにささげた祈りは何だったのだろうと思いを巡らし、そして思いついたのがこの碑文の言葉でした。この言葉は、毎年この墓地を訪れて繰り返す言葉でもあります。

今は父と一緒に母もいますし、そのそばには両親が愛した娘である私の姉もいますから、「父は心強いだろう」とも思った次第です。

思えば私たち一家は幸せでした。朝鮮戦争のさ中に北朝鮮から越境し、たくさんの苦労も経験しましたが、そうした苦労はあの時代、誰もが皆くぐり抜けてきたことでもありました。私たち家族は、信仰生活を通してこの世では見つけることのできない幸せと喜びを、これでもかというほどよく知り、味わいながら生きてきました。

両親は、幼い頃から私の心に信仰心を根付かせてくれました。「お前は殉教者の子孫らしく、その家系に恥じない生き方をしなければいけないよ」と言った話をたびたび聞かされました。

夕方になると、家族そろって夕の祈りを行いましたが、たまに夕の祈りを忘れて寝てしまった日は、夜遅くに帰ってきた父がもう寝ている私を起こして、「さあ、夕のお祈りをしよう」と言うのです。そんなときは眠くもあり、お祈りがあまりにも長く退屈に感じられて、幼い私はしばしば駄々をこねましたが、そうした時間を通じて私の心に信仰を根付かせてくれたことは、今思うと大変にありがたく、「宝物」のような遺産として深く感謝しています。

父、母、姉が眠っている墓地で、私は簡単な祭壇を作ってミサをささげます。

「主よ、この世を去った私の愛する両親と姉、そしてすべての親戚とご先祖の上に永遠の安息をお与えください」。そして最後に心を込めて祈ります。

「愛するお父さん、お母さん、お姉さん。いつの日か天国でまた会いましょう」

バラの花一輪をささげるように

ロザリオの祈りは、世界中のカトリック信者に最も親しまれ、そして最も愛されている祈りです。

時々、地下鉄や道端でロザリオの指輪(ミニロザリオ)やロザリオのブレスレットを身に着けて、ロザリオの祈りをしている人を見かけると、私はなんだかうれしくなります。

ロザリオの祈りは、道を歩いていたり、旅行に出たりしたときなど、場所を選ばずに簡単に唱えられるので、私たちカトリック者にとっては親しみのある祈りなのです。このロザリオの祈りの中で一番たくさん唱える祈りが「アヴェ・マリアの祈り」です。「アヴェ・マリアの祈り」は、イエスさまのご生涯を黙想する祈りです。

祈りをささげる中で、私たち人類を救うために人となられ、苦しみを受けて十字架上で亡くなり、栄光のうちに復活されたイエスさまの人生の各場面が心に浮かびます。聖母と一緒にささげる祈りですから、この祈りは実に美しいのです。ロザリオの祈りの名前は、この祈りを唱える度《たび》にバラの花を一輪、マリア様にささげるようなよい香りがする祈りだから、とも言われています。

「ロザリオの祈り」と共に伝わっている美しい話があります。ある山の中に修道院がありました。ある日、その修道院の財務を管理する修道士が村に買い出しに出かけました。

山中から村までの道には、時々強盗が出るのですが、その日はまさにその強盗が待ち伏せていました。強盗は修道士がたくさんお金を持っていると思い、四つ辻で待ち伏せして修道士の後をつけて行きました。修道士は山道を歩いて行きながら、一心にロザリオの祈りを唱えていました。すると、後をつけていた強盗は不思議な光景を目にしました。修道士がロザリオの祈りを唱える度《たび》に、バラの花が一輪、また一輪と道に落ちてきたのです。それを見た強盗は、思わず修道士の足元に膝まずき、赦しを請い、そして真人間になったそうです。

幼かった頃、お使いで夜道を歩くとき、私はロザリオの祈りを唱えると怖さを感じませんでした。神学生だったときには、兵役で南北の分断線である「38度線」(注4)の最前線の鉄柵で歩哨任務に就いていた時も、ロザリオの祈りを唱えてさえいれば、あの長く緊張した夜も退屈を感じることなく、気持ちが安らいできたものです。私の任務は鉄柵の前での歩哨でしたが、夕食後に周囲が暗くなり始めると、丸太で作った警備の詰め所の前で、夜が明けるまでずっと立っていなければなりませんでした。

真っ暗な前方の様子をうかがいつつ、夜を明かすのは「つらい」などという言葉ではとても言い表せません。もう寒くて眠くて、歩哨勤務の一日一日をかろうじて過ごしていた私にとって、大きな慰めになっていたのが「ロザリオの祈り」をささげることでした。ロザリオの祈りを唱えていると、共に学んでいた神学生仲間たちの顔が心に浮かび、しきりと家族や友人のことが思い出されました。

夜を明かしながら、数えきれないほどささげたロザリオの祈り。無事に軍隊生活を終えて神学校に戻れたのは、ロザリオの祈りのお蔭だったかもしれません。

以前、ある教会を司牧訪問してミサをささげた時、信者の皆さんに「皆さん、ポケットからロザリオを出してみてください」と言ったことがあります。指輪形式のミニロザリオやロザリオの腕輪をつけている人たちはずいぶんいましたが、多くの人はロザリオを持っていませんでした。

実は私もずいぶん前ですが、親戚のおばあちゃんシスターからロザリオの検査をされたことがあります。ところがよりによって、その日に限ってポケットにロザリオを入れていませんでした。「神父なのに、ポケットにロザリオがないなんて！」とひどく叱られてしまいました。

「いつどこでもロザリオの祈りがささげられるよう、ロザリオを肌身離さず身に着けていなければならない」という大切なことを教えてくれた、あのおばあちゃんシスターのことを思い出しながら、私は改めてポケットの中のロザリオを取り出しては、その「バラの珠《たま》」を一つ一つ、つまぐってみるのです。

ロザリオの祈りの思い出（澤田和夫神父様のこと①）

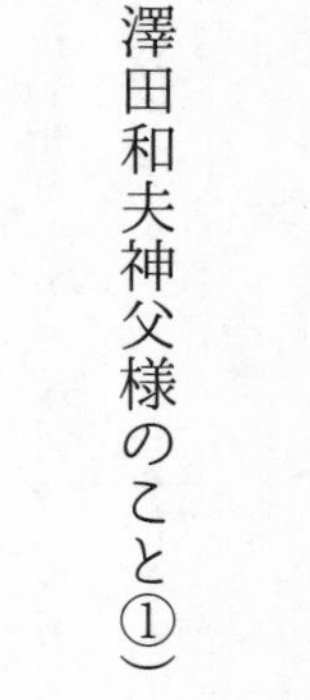

私には、ロザリオの祈りに関する思い出が幾つもあります。そのうちの一つは、日本で在日韓国人のために司牧をしていた時（東京韓人教会）です。東京韓人教会は、独自の教会があるのではなく、東京カテドラル聖マリア大聖堂（カトリック関口教会）の建物を、日本人信徒の方々と一緒に使用しています。一つ屋根の下に二つの国の信仰共同体が集まって活動しているということ、文化の違い、歴史の違い、生活習慣の違う人たちが同じ建物を使うということは、それほど容易なことではありません。しかも日本の神父様たちの生活は、私たちの国のようにざっくばらんに人を訪ねて共に話に興じる文化ではなかったので、慣れるまでは非常に大変でした。

とくに夕方になると、誰も部屋を訪れてくれない静かな時間というものが、とても寂しく、孤独に感じられました。そんな時、私は決まって東京カテドラルの広い敷地の中を散歩しながら、ロザリオの祈りをささげていました。

ある日、いつものように一人でロザリオの祈りをささげていますと、いつの間にか誰かが私のすぐそばに来て、たどたどしい韓国語で「主の祈り」と「アヴェ・マリアの祈り」を一緒に祈っている声がしたのです。驚いて振り向くと、それは関口教会で協力司祭をされていた、ご高齢の東京教区司祭の澤田和夫神父様でした。

一つ屋根の下で生活を共にされていた澤田神父様は、日本で東京韓人教会の司牧を行うことの難しさというものを身近にいて感じておられたのでしょう。異国での司牧に戸惑いを感じ、孤独の中にいた私を気遣い、ご自分には何ができるのだろうと、いつも考えておられたようでした。韓国語をまったくご存じないのに、一生懸命、韓国語で「主の祈り」と「アヴェ・マリアの祈り」を覚えて、私と一緒になってロザリオの祈りを唱えておられる日本人老司祭の姿に、私はとても大きな感動を覚えました。

その日、澤田神父様と一緒にロザリオの祈りをささげながら、私は共に祈るということが、どれほど大きな励みであり、また恵みであるかを悟りました。

他者のために祈りをささげる、これよりも美しい行為がどこにあるでしょう。愛する人、苦しんでいる人を心に留めて、一つ一つささげるロザリオの祈りこそ、聖ヨハネ・パウロ二世教皇様のお言葉にもあるように、驚くべき祈りであり、シンプルでありながらも奥深い祈りだと言えるでしょう。

「ロザリオはわたしの好きな祈りです。それはすばらしい祈りです。すばらしいというのは、その単純さと深さのゆえです……。（略）これらの神秘が、いわばイエスの御母の心を通して、わたしたちをイエスとの生ける交わりへとあずからせるのです。同時にわたしたちは、ロザリオのそれぞれの連を唱えることによって、個人、家族、国、教会、そして全人類の生涯に起こるすべての出来事を、つまり、わたしたち一人ひとりのことがらや、わたしたちの隣人、とくにわたしたちと親しい隣人、心にかかる隣人のことがらを心に収めることができます。このようにしてロザリオの単純な祈りは人生のリズムを刻むのです。」（カトリック中央協議会『ヨハネ・パウロ二世使徒的書簡　おとめマリアのロザリオ』2）

美しく、そして力ある聖体礼拝

カトリック信者にとって、「聖体礼拝」は本当に宝石のように美しい祈りだと思います。平和で心の憂いや心配ごとを、すべて抱きしめてくださるイエスさまのみ手を感じることのできる祈り、それこそが「聖体礼拝」です。

これほどまでに美しく、力にあふれた祈りがこの世のどこにあるでしょうか。

多くの方々がそうであるように、私もまた人生を歩んでいく中で、つらく苦しく困難な時にはいつも聖体礼拝をしながら、そこから慰めと力をいただいています。何と幸いなことでしょう！　聖櫃《せいひつ》のうちにおられるイエスさまが私たちの前に顕《あらわ》れてくださり、そのイエスさまを見つめて祈る。それ自体、大きな恵みであり、驚くべき神からの贈り物です。

私が「聖体礼拝」を行って深く感動し、それ以降、特別に「聖体礼拝」を愛するようになったのは、神学生の時でした。神学校に入学して初めて迎えた聖木曜日。主の最後の晩餐のミサにあずかった後の真夜中に、「聖体礼拝」の祈りをささげたときのあの感動は今も忘れることができません。美しく飾られた聖体礼拝室の中、まばゆくきらびやかな光を放つご聖体の前で祈り、黙想する時間は、私にとって生まれて初めて味わう神聖な「神体験」でした。

あの夜、私は「聖体礼拝」を通して、イエスさまの愛を肌で感じることができました。私たちを愛し、いつも私たちと一緒にいて、霊的な糧と力を与えてくださるために、イエスさまは「聖体礼拝」の形式をお与えくださいました。そしてこれに続いてささげられるのがミサ聖祭なのです。「聖体礼拝」とはまさに、聖《せい》櫃《ひつ》のうちに現存し、生きておられるイエスさまとの出会いなのです。

何という驚くべき神の愛でしょうか。言葉で表現するのが難しいのですが、この「聖体礼拝」によって私の心は温かくなり、明るく照らされてくるのです。

そうした体験を通して「聖体礼拝」は私にとって、この世を生きていく中でいただくことのできる大きな喜びであり、慰めであり、人生の同伴者であるキリスト、天国の幸いを映し出してくれる「頼みの綱」となったのです。

列聖された聖ヨハネ・パウロ二世教皇は、とくに聖体礼拝を愛する方でした。暗殺未遂事件で銃撃され、お体がご不自由になられたとはいえ、私がこの教皇様について覚えていることは、いつも力と平和に満ちあふれているお姿でした。ジャーナリストたちから、いつも健やかで平和にあふれている秘訣を問われた教皇様は、「毎日規則正しく行う聖体礼拝のおかげです」と答えられたそうです。

聖マザーテレサが韓国にいらした時も記者たちが同じ質問をしましたが、マザーテレサの答えも教皇様と同じく「聖体礼拝の恵みです」だったそうです。

私たちが聖体礼拝を行うことでいただける神さまからの贈り物、それはすなわち、「主が私のそばにいらっしゃる」という実感がもたらす喜びです。こうした喜びは、私たちに天国を感じさせてくれます。

私はカトリック司祭として生きてきた中で、こうした「天国体験」とでもいうべきものを一瞬ですが、数多く体験しています。

若い頃、江原道《カンウォンド》の山奥で軍隊付き司教として司牧に従事していた時、私は孤独と自らのアイデンティティー（存在理由）に深く悩み、苦しみました。その時、私に平和と力を与えてくださったのはイエスさまでした。外国で移住者の司牧を担当した時も、私自身が異邦人として他国で苦労やつらい経験をたくさんした時も、また司祭として生きる中でとても苦しい問題に直面した時も、その度《たび》ごとに私は、聖体礼拝を通してイエスさまと出会い、力と慰め、励ましをいただきました。

教区司祭の保護の聖人である聖ジャンマリー・ヴィアンネー神父（注5）も、最初に赴任した教区で言葉にできないほどの困難を経験されました。当時十七世紀のフランスは、フランス革命によって人びとは信仰を失っていて、倫理や道徳の乱れた生活というものに慣れ切っていました。そうした堕落した人たちがヴィアンネー神父を嘲笑し、陥れ、笑い者にしたのです。信仰心のかけらもないような信者たちの心を入れ替えることができたのは、ヴィアンネー神父の祈りによる生き方でした。

ある時、人びとは夜明けになるとどこかに行く神父を怪しみ、密かに後をつけました。そこで彼らが見たものは、ただ一人、聖櫃《せいひつ》の前にひざまずき、聖体礼拝をする神父の姿でした。その時、彼らはヴィアンネー神父の姿が光輝いているのを目にしたのです。それはまるで、イエスさまを見ているような感動でした。聖堂で祈るヴィアンネー神父をひと目見るために教会にやってくる人の数は増え続け、やがて教会は徐々に変わっていきました。

聖ヨハネ・パウロ二世教皇は、回勅『教会にいのちを与える聖体』の中で、聖体礼拝について次のように述べています。

「キリストとともに時を過ごし、キリストが愛しておられた弟子のようにキリストの胸元によりかかり（ヨハネ13・25参照）、キリストのみ心にある限りない愛を感じるのは、心地よいことです。もし現代のキリスト者が何よりもまず『祈り方』において優れていなければならないなら、聖なる聖体のうちに現存するキリストのみ前で、しばしのあいだ、キリストと霊的に語らい、沈黙のうちにキリストを礼拝し、心からの愛を表す必要があらためてあることを、どうして感じずにいられるでしょうか。」（カトリック中央協議会『教会にいのちを与える聖体』25）

私は、その必要性を何度感じてきたことでしょう。そして聖体礼拝によってどれほどの慰めと力をいただいてきたことでしょう。

今、私は、聖体祭儀を最も愛された聖ヨハネ・パウロ二世教皇様の慈愛に満ちたお姿を想い浮かべながら、教皇様のように聖体礼拝を愛する者として、幸せな人生の恵みというものを求めています。

有意義な寂しさには意味がある

二十数名の司祭が生活を共にしているここ三崇洞《サンスンドン》の谷間に、今、静寂の時が流れています。旧正月、両親や兄弟姉妹に会うために司祭たち皆が里帰りをしていて、今、私が一人で留守番をしています。手持ち無沙汰な旧正月の午後のひととき、一人静かで、平和な時間です。音楽でも聴こうとオーディオのスイッチを入れてみると、「アルビノーニのアダージョ」（注6）の曲が流れてきました。

ガラス窓越しに見える雪をかぶった木々や岩は、まるで一幅の東洋画のようです。そんな美しい雪景色を眺めていると、こうした静けさは実にいいなあとしみじみ思います。気が付くと、いつの間にかずいぶんと時間が過ぎていました。そしてふっと思いました。「自分は今、こんな静けさや孤独を楽しめるようになったのだなあ」と。今日のように周りが静かで誰もいない時は、聖堂で一人じっと座って祈ったり、静かに机の前に座ったりしている時間がますます好きになりました。

ずいぶんと前、江原道《カンウォンド》楊口《ヤング》という所で、軍の兵士やその家族のための司牧を行う「軍宗教区」の司教として働いていたことが思い出されました。その時はカトリックの聖職者として、自分のアイデンティティー（存在意義）について、非常につらい思いをして過ごしていました。そのためでしょうか、寂しさや孤独感をとても強く感じていたように思います。

当時、この任地に司祭館はありましたが、聖堂はありませんでした。プロテスタントの牧師が参謀を務めている軍人礼拝堂の事務所を共同で使用し、礼拝堂を借りてミサをささげていました。神父がお聖堂《みどう》なしで生きるということがどれほどつらいことか、経験したことのない方には到底理解できないと思います。

赴任したての当初、軍宗教区の司教としての期間は思いっきり読書ができて、音楽もたくさん聴けると思っていたのですが、現実はとても不可能でした。

孤独感だけが募り、本は一ページもめくることができず、あんなに好きだった音楽も聴かずじまいでした。そして読書や音楽の代わりに度々《たびたび》村まで山を下りて行き、屋台で焼酎一本を飲むと、ようやく心が慰められました。

そんなことをしながら、「私はこの程度の存在でしかないのか」と呵責《かしゃく》の念に駆られました。そうしたある日のこと、いつものように屋台に立ち寄って司祭館へと帰る道すがらの出来事でした。司祭館は楊口《ヤング》教会のお聖堂《みどう》の上手《かみて》にあったので、司祭館に戻るにはその前を通らなければなりません。

いつも通い慣れている道なのに、その日はなぜか、お聖堂《みどう》の聖櫃《せいひつ》の赤い灯《あか》りが強く目に映りました。知らず知らず教会の門を開けて、いつの間にか聖櫃の前にひざまずいて祈りをささげていました。わけもなく深い悲しみが胸に押し寄せてきて、「イエスさま、とてもつらいです」と、時が経つのも忘れてイエスさまにおすがりしました。

どのくらい経ったでしょうか。次第に心が穏やかになってくるのを覚えました。そして、「つらい時は、いつでも私のところに来なさい」という声が聞こえたような気がしました。その日以来、私はどんなにつらく苦しいことに見舞われても、恐れなくなりました。あの晩、ご聖体の前で祈った体験が私に確信を持たせてくれました。司祭生活を送る中で、つらく苦しい時は、静かにご聖体の前で向かい合って座れば、どんなにつらいことも孤独も、消えていくのを感じるようになったのです。

私はキリスト者にとって、とくにカトリック司祭にとって、寂しさとは実に意味があることで、私たちをキリストに向かわせる大きな恵みだということに気付きました。司祭として生きて行く中で、寂しさの「楽しみ方」というものを早く体得すれば、祈り、読書、司牧の準備をしながら、自分を振り返る時間をたくさん持つことができるのです。

聖人たちは孤独について、実に多くの素晴らしい言葉を残しています。

聖アウグスティヌスは『告白録』の中で、「主よ、あなたが私たちをお造りになったのですから、私たちの心はあなたの内で休むまで安らかになりません」と言いました。アウグスティヌスは人生を長くさまよった末に、このような告白をするに至り、その後は、主へと向かう人生において、力の限り取り組むことができたのです。また、聖トマス・アクィナスは「孤独は私たちに躍動感を与えてくれるだけでなく、神さまがお造りになった目的に向かわせてくれます。だから、(孤独は)大切なのです」と言いました。十字架の聖ヨハネは、「私たち人間には、深い感情の洞窟があるが、その洞窟は、神によって満たされるように、神がお造りになった」と言っています。

孤独は「空間」です。そしてその空間は、「もっと私によって、その空間を満たしなさい」という主の呼びかけであり、かけがえのない贈り物であるということを、私は悟るようになったのです。

今日と明日をつないでくれる大切な「架け橋」

「この夜を安らかに過ごし、終わりを全うする恵みを、全能の神が与えてくださいますように」

これは毎晩、床に就く前にささげる聖務日課（教会の祈り）の最終祈祷の結びの祈りです。この祈りをささげてから、私はその日一日に感じたやりがいや失敗・労苦など、全てを心に留めます。そして「復活」の希望を胸いっぱい抱いて新しい朝を迎えることができますようにと主に願い、小さな「お墓」のような寝床に入るのです。

お墓、それは私にとって、怖くて逃げ出したくなるような場所でも、愛する人たちとの絆を断ち切ってしまう孤立した暗い場所でもありません。私という存在全体をほんわかと包み込んでくれる温かい「ねぐら」であり、今日と明日とをつないでくれる大切な「架け橋」なのです。

今、生きて活動している私たちにとって、「死と復活」はともすると他人事のように感じてしまうことでしょう。

でも実は、私たちは昼夜毎日、「死」と「復活」を体験しているのです。日々繰り返される新しい一日の始まりとそしてその日の終わり、それによって私たちは「死」と「復活」を毎日経験していると言えるのです。「死」と「復活」は、私たちの人生において、とても身近な同伴者だと言えるでしょう。一日を終えて迎える「小さな死」と、一日を始める「小さな復活」とが積もり積もって私たちの人生の旅は、最後の日に向かって進んで行くのです。そしてこの世での最後の日、私たちは主の懐《ふところ》で永遠の復活を享受するという、「新しい生」への架け橋を渡るのです。

ですから私たちは、愛する人を見送る（死）という、人間的に見ると最もつらく悲しい時に、主を信じる者として喜びに満ちた希望の歌を歌うのです。

信じる者にとって 死は滅びではなく、

新たないのちへの門であり、
地上の生活を終わった後も、
天に永遠のすみかが備えられています。

（カトリック中央協議会『ミサの式次第（増補版）死者の叙唱一―復活の希望―』）

毎晩巡って来る「小さな死」を、私たちは聖なる気持ちをもって静かに、そして穏やかな心で迎えなければなりません。就寝前の一日の最後の時間、ただ一人で主のうちに留まって、その日の全ての出来事を謙虚に主にささげ、かけがえのない大切な一日を与えてくださった主に賛美と感謝をおささげしましょう。そして明日というすばらしい贈り物を与えてくださるようにと願って、心安らかに眠りに就くようにしましょう。

「この夜を安らかに過ごし、善き終わりを全うする恵みを、全能の神が与えてくださいますように」と、毎晩、平和のうちに祈ることができるよう願っています。

健全な時にこそ、たくさん祈りなさい（澤田和夫神父様のこと②）

司祭に叙階されて四、五年が過ぎたころ、案養《アニャン》市にある聖ラザロの村でソウル大司教区の司祭黙想会がありました。この時、黙想指導をなさった方が日本人司祭の澤田和夫神父様でした。小さなお声で遠くをじっと見つめながら、私たち参加者に詩編の黙想指導をしてくださいました。指導の内容もさることながら、お姿そのものが、何か霊的な佇《たたず》まいといったものを感じさせて強く私の印象に残りました。

黙想期間中は、昼食後の自由時間を利用してよく近くの山に散策に行きました。その山で、澤田神父様とよく出会いました。

ある日、神父様に「澤田神父様、山登りがお好きなようですね」と声をかけましたところ、神父様は「祈るために運動しているのですよ。祈るにも体力が要りますからね」と、おっしゃったのです。その当時、まだ若かった私はこの澤田神父様の言葉に実感が湧《わ》きませんでした。

病気の方々を時折訪問するようになってから、よく患者さんたちから「お祈りしたいのですが、元気が出ないし、疲れて出来そうもありません」というお話を聞きました。数年前に亡くなった姉が癌で入院していた時、私がお見舞いに行きますと、「お祈りする元気が出ればよいのだけれど……」とよく言っていました。

気力が湧《わ》かないので、うまくお祈りができないと言うので、私が横に座って声を出して一緒にロザリオの祈りを唱えてあげると、とても喜んでくれました。身体が健全で心が健やかであれば、聖書を読んだり、霊的な読書もできます。元気だからこそ、精神を集中して黙想したり祈ったりもできます。

『平和の贈り物』という本で多くの人に感動を与えた米国のヨセフ・ベルナルディン枢機卿様（注7）は晩年、お見舞いに来てくれた人びとに「健全な時にたくさん祈るようにしなさい。病気になるまで祈りを先延ばしにしていると、いざとなった時に祈れなくなるかもしれないから。健全な時に祈らなければならないということを、絶対に忘れないように」とおっしゃっていたそうです。

振り返ってみますと、私は司祭として生きていながら、祈りが足りなかったように思います。これからさらに老いる前に、祈りの時間をもっと持たなくてはいけないと強く思うようになりました。最近は、夕食後に一時間ずつ規則的に歩くことを毎日の日課にしています。ロザリオの祈りを唱えながら歩くその時間は、私にとって大いなる至福の時です。私も澤田神父様のように、「祈るためには健全でなければならない」と自戒している今日この頃です。

共に泣いてくれる人

ずいぶん前の話です。最初に赴任した教会で聖堂の献堂式を行った後、ヨーロッパへ聖地巡礼に行ったことがありました。長期間、教会を留守にしなければならなかったので、特別な司牧をされておられる同期の神父様に不在中のことをお願いして旅立ちました。

巡礼を終えて教会に戻った時、病気が重く心配をしていた女性信徒の方が私の不在中に亡くなったことを知りました。この方には夫と二人の息子がいました。夫は非常に頑固な人で、長年、奥さんが教会に行こうと誘っても、うんともすんとも言わない強情な人で、この女性は生前とても悩んでいました。

ところがその夫が突然、主日のミサにやって来たのです。私を見るなり挨拶《あいさつ》してきて、「これからは教会に来ることにしました」と言うのです。さらに「洗礼志願者の入門講座にも通っています」と言うではありませんか。うれしく思いつつも、「あれほど長年意地を張って教会に来なかった人が、一体どうしたのだろう」といぶかしく感じました。そこで彼から一部始終を聞いてみますと、私が不在の間、留守をお願いしたあの同期の司祭のお蔭だったということが分かりました。

私が聖地巡礼に行っている間、その神父様はあの病気の女性信徒を頻繁に訪問しては、ご聖体を授けていたそうです。そしていよいよ彼女の病状が悪化すると、精神誠意、心を込めて「病者の塗油」を授け、まだ幼い子供たちと夫を残して旅立つこの方の心中を何よりも慮《おもんぱか》り、臨終の際には涙を流してその死を悲しんだそうです。

そうです、この頑固な夫の心を動かしたのは、他ならぬ臨時に教会のお世話を任されたあの司祭の「涙」だったのです！

カトリック司祭なら、こうした病者訪問や聖体の授与というのはいつもやっているることではありますが、信者でもない自分（夫）と自分の家族に寄り添い、悲しみを共にしてくれ、わが事のように涙を流した神父様があまりにもありがたく、大いに慰められ、感動したということでした。

この話を聞いて、イエスさまがおっしゃっていた「今、泣いている人々は、幸いである」（ルカ6・21、マタイ5・4）ということばの意味、本当の幸いの意味というものが心の奥深くにしみじみと響いてきました。

ややもすると「慣れ」でこなしてしまう司祭の任務ですが、誠心誠意、心を尽くして職務を遂行したなら、どれほど驚くべきことが起きるのかを深く考えさせてくれるきっかけとなりました。

同期のこの神父様を通じて、司祭が享受するもう一つ違った幸せというものを、私は思い起こすことができました。すなわち、「司祭の職務を行いながら、不幸な人のために涙を流す司祭は幸いである」と。

司祭の母の祈り

日本で宣教をされていたある神父様が、心臓麻痺で急にこの世を去りました。あまりにも急なことで、私は茫然としてしまいました。日本で一緒に働いていた同期の神父様が、彼の突然の訃報を知らせるその声にも、大きなショックと動揺がありありと見てとれました。

その頃、私は「韓日司教交流会」（注8）の韓国側の窓口担当をしていたこともあり、度々《たびたび》日本を訪問していました。そのつど、可能な限り時間をやりくりしては日本で宣教している同国人の司祭たちと一日を過ごすようにしていました。

亡くなったその司祭は、とても静かな性格の人でした。彼は一人息子だったのですが、日本で宣教するために韓国を発つ時、年老いた母を一人残して行くのが少し心苦しいと打ち明けてくれました。彼と日本で会った時も、お母様のことをしきりと話題にしていて、その度《たび》に私はなんて親孝行な人だろうと感心していたものです。

彼の急死の知らせを受けた瞬間、私の脳裏にまず浮かんだのは、彼のお母様のことでした。たった一人の息子が自分よりも先に天国に旅立ったという悲しい知らせに、この老いた母親は果たして耐えられるだろうか。もし倒れでもしたらどうしよう。

私が司祭に叙階されてわずか数年後に、オーストラリアに留学中だった同期の司祭が登山事故で亡くなりました。教区事務局長を務めている神父様と一緒に急いで彼の家を訪ねて、その訃報を伝える任務を命じられました。重い足取りで彼の家に向かい、その死を告げた時、そこにあったのは驚きと悲しみに暮れる人びとの涙、涙、そして涙でした。祖母《おばあ》様は卒倒してしまい、お母様が失神してしまったご様子をただ見守るだけだったという、つらい過去の記憶がよみがえってきました。

彼の突然の訃報に接して、私はまず司教総代理の神父様に、その司祭の訃報を彼の老母に伝えてほしいとお願いしました。後日、伝え聞いたところでは、息子の急死を知らされたそのお母様は、気丈にも悲しみを耐えつつ、こうおっしゃったそうです。「神さまが息子をお呼びになったのですから、仕方ありません…。神さまがお呼びになったのですから…」と。

「神さまがお呼びになったのですから、私は受け入れなければなりません。それが神さまのみ旨なのですから」

この母親の言葉が私の心に大きく響きました。旧約の太祖アブラハムが一人息子のイサクを燔祭《はんさい》のいけにえとしてさざげるよう、神さまから仰せつかったことを思い出しました。

次の日、私は重い気持ちを抱いてお母様をお訪ねしました。両手を固く握りしめたまま何も言えない私に対してお母様は、「息子は司祭として生き、司祭として死ぬことができました。本当に神さまに感謝致します」とおっしゃったのです。

それは、驚くべき強靭《きょうじん》な信仰の持ち主と出会った瞬間でした。極限の悲しみの中で、どうしてこんな言葉が言えるのだろう。それは真の信仰がなければ言えない言葉であり、到底受け入れることのできない苦痛に対して、毅然《きぜん》とした信仰によって打ち勝つ姿でした。それからしばらくの間、私は彼のお母様がおっしゃったことをじっくりと考えていました。「あれほどの信仰は、果たしてどこから生まれてくるのだろうか」と。

お葬式が終わってある程度、時間も経ったので、私はあのお母様とお会いしてお話しする機会を持ちました。すると彼女は、「息子の周りにいた近しい先輩や友人司祭たちが、途中で司祭職を辞めていくのを見て、私はとても心が痛みました」と語りました。

おそらく彼女は「息子が最後まで司祭として生き抜くことができますように」と、神さまに祈りをささげていたに違いない、と私は思いました。そこでお母様に、「ロザリオのお祈りは一日に何連されていますか?」(注9)と尋ねてみました。

すると彼女は、「最近までは毎日必ず百連ささげていましたが、この頃は日に七十連だけしかできません」とおっしゃるのです。驚きました。

百連ともなれば、丸一日がかりにもなることでしょう。そしてお母様は続けて、「教皇様、司教様、司祭、修道者、そして教会のためにロザリオの祈りをささげています」とおっしゃった瞬間に、あの驚異的な信仰の秘密が解き明かされました。「祈りは全てを超越することができる力、どんな苦痛をも神さまにおささげする力を与えてくれるのだ」ということを。

この真理を私は、今年八十歳になる、亡くなったあの司祭のお母様を通して悟るようになりました。

天使たちもうらやむ侍者

数年前のことです。司祭になって初めて司牧をした教会で侍者をしていた子供たちから「夕食をご馳走したいから」という招待を受けて、久しぶりに彼らと会いました。もう三十年も前のことですから、みんな堂々とした立派な大人になっていました。当時、子供たち一人ひとりにジャージャー麺をご馳走すると、とても喜んでくれていたあの小さな侍者の子たちが、今度は私に食事をご馳走してくれるというのですから、感慨深いものがあります。久しぶりに会って話し合う中で、みんな侍者グループ出身の子供らしく、しっかりと信仰生活を送っていることが分かりました。何よりも私が誇らしく思ったのは、この侍者グループの中から、カトリック司祭になった子が六人もいるということでした。

私たちが信仰生活を送っていく上において、「思い出」はとても大事です。幼い頃に侍者の経験のある人たちは、成長して世の中を生きていく中でつらいことがあった時、とくに信仰の道で迷った時に、侍者をしていた思い出によって間違いなく大いなる助けを見いだすことでしょう。

私も幼い頃に、侍者をやりました。初めて侍者を務めた日、祭壇で神父様を手伝って鐘を鳴らしたり、ぶどう酒をお持ちしたりしてドキドキ震えたりしながらも、誇らしい気持ちになりました。父は侍者を務めた私を励まして、「天使たちが一番うらやましがる人間を知っているかい？　それは侍者なんだよ。いくら天使でも、侍者をすることはできないからなんだそうだよ」と言ってくれたことが思い出されます。

さらに当時、ミサはラテン語で行われていましたので、信者が応答する部分を侍者が代わりにラテン語で唱えていました。もちろんハングルで音訳された会衆の応答部分をラテン語で暗記して唱えるだけでしたが、小学生の侍者にとって、会衆の代表としてラテン語で祈りを唱えるということがどれほど誇らしいことであったか分かりません。侍者をしたお蔭で、神父様たちとも近しくなり、司祭生活こそ、この世で一番聖なる職務であると考えるようになり、自然と神父になりたいと思うようになりました。

司祭の皆さんとお話ししている時に、「なぜ神さまからの呼びかけに応えて司祭召命の道を選んだの？」と聞くと、多くの司祭が「侍者の経験がきっかけだった」と話していました。実際、ある教区で統計をとったところ、そこの教区では九〇％以上の司祭が、幼い頃に侍者をした経験があったそうです。

私は小教区を訪問してそこの教会でミサをささげる時、侍者の子供たちに向かって、「この中で神父になる人はいますか」と尋ねてみます。冗談で「司祭になる可能性は何パーセントくらい？」と聞くと、大部分の子供が二〇～三〇％と答えますが、時々九〇％、中には百％と答える子供もいます。たとえ司祭にならなくても、どうか立派な信仰者になってほしい、そんな思いでいつもこの質問をしています。寒い冬でも朝早く教会に来て、侍者を務めてくれる子供たちに感心もし、またありがたくも思います。どうか、この子たちが皆、立派に育っていってほしい。彼らを見つめる時の私の率直な思いです。

最初の神学校

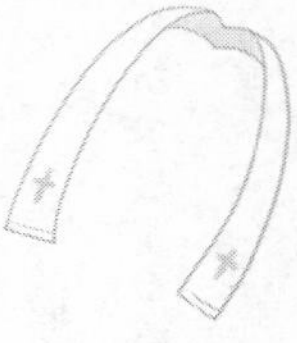

司祭叙階式がありました。

「塵世を捨てた／この身まで捨てた／自分の青春を完全に召命にささげた」

神学生たちがしばしば歌っていた神学校の校歌の一節です。この歌詞の意味が心に染み入り、「謙遜《けんそん》」ということについて考えさせられました。

司祭叙階式、それは教区の年間行事の中でも一番重要で、最もうれしく、そして聖なる日です。この日のため、教区民は全員心を一つにして祈り、準備をします。叙階式を終えて心に思うこと、それはこれら司祭たちを生み育ててくれたご両親への深い感謝の気持ちです。時々、自分たちの息子が神学校に入ることに厳しく反対されるご両親がおられます。しかし、今日のような時代にあって、わが子が司祭になるようにと祈り、また自らが犠牲となってくださったご両親がいなければ、彼らが司祭になることは到底不可能だったと思うのです。とくに近年、一人息子のご家庭が多いという中にあって、大切なわが子を司祭としてささげる、それは並大抵の犠牲ではありません。このような犠牲を払われたお父様お母様に、私は心からの感謝をささげるのです。

振り返ってみますと、私もまた、父と母がいなかったら、果たして司祭になれただろうかと考えます。幼い頃、夜、家族全員がそろって晩課（夕の祈り）を唱えなければ床に就くことができませんでした。そして私が、「主日（日曜日）のミサには家族全員で欠かさず行くべきものだ」と考えるようになったのも、両親のお蔭でした。

「司祭職ほど高貴な仕事はなく、司祭のようにやり甲斐があって立派な人は多くない」と、司祭たちを尊敬する両親を身近に見て育った私は、自然に司祭への夢を膨らませました。「家庭は最初の神学校」と言われるゆえんです。司祭や修道者のご両親がよくおっしゃる言葉があります、「数ある子供たちの中でも、司祭や修道者になった子供たちほど、親孝行な子供はいない」と。司祭になった息子ほど、両親のことを思い、気遣い、両親のために真心を注ぐ子供は稀なのだというお話です。

九十歳を過ぎるまで長寿を賜った私の母は、生涯、司祭の息子を持ったことを誇らしく思っていました。母の存命中、実家に帰りますと、家のあちこちに私の写真が飾ってありました。ある時、「お母さん、他の写真も飾ってください」と言いましたが、変わりませんでした。母の心の中では、司祭の息子が一番大切だったようです。母の祈りの中でも一番大切だった祈り、それは「神父になった息子に、立派な司祭としての人生を最後まで全うさせてください」だったのです。

周りの後輩司祭たちを見るにつけても、彼らは本当に親孝行だと感じます。ご両親のために毎日祈りをささげている司祭、毎週、ご両親が暮らしている高齢者介護施設を訪ねてミサをささげている司祭、お盆やお正月には必ず一人暮らしをしている母親と一緒に過ごす司祭もいます。

司祭や修道者の召命の減少が深刻に危惧《きぐ》される現代ですが、信仰の堅固な家庭から、司祭を夢見る素敵な若者がたくさん出てきてくれたらいいなと思う今日この頃です。

あの夏の思い出

高校二年の夏休み、慶尚北道漆谷郡倭館邑《キョンサムブクトチルゴククンヴェグァンヴブ》にある観想修道会・聖ベネディクト会の修道院に泊まりに行ったことがあります。幸いにも、司祭への希望を持っていた私のために、当時大学生だった姉が知り合いの神父様を通して紹介してくれたのです。私が修道院に泊まれるように手配してくれた姉も、修道会への入会を希望していましたが、結局願いは叶わず、姉は結婚することになりました。

我が家は故郷が北朝鮮にある離散家族ですから、休暇になっても帰るところがなく、休みになると、故郷や地方の親戚に会いにいく友人たちをいつも羨ましく思ったものです。そんな私にとって、修道院で一日や二日どころか一週間まるまる過ごせるなんて、まるで夢のようなことでした。

初めて訪ねた修道院は、神秘的で驚くべき世界でした。私に割り当てられた部屋は修道院の中にある来客用の宿泊部屋でした。清潔なシーツが敷かれたベッドやきれいなカーテン、修道院で作られたという机やタンス、室内に飾られた美しい聖画、聖なる会話、見るもの聞くもの全てが新鮮でした。

面白い思い出は、水洗式の洋式トイレでした。当時は珍しかったので、お手洗いに入って洋式トイレをどう使ったらいいのか、戸惑いました。でも何より感激したのが、修道士の方たちからとても親切にしていただいたことです。年少の私を「お客様」としてもてなしてくださったのですから。

私がお客様だったからかもしれませんが、食事時には食卓いっぱいに食べ物を用意してくださいました。パンやバター、チーズ、ハム、ジャム、そして修道院のぶどう畑で採れた新鮮なぶどうを前にして、私は目を丸くしたものです。

私の心は半分、修道会への入会の方に傾いていました。何より私か感動したのは、白い修道服に身を包み、静かに目を閉じて祈りをささげる彼らの姿でした。澄み切った歌声で力強く聖歌を歌い、ミサをささげる観想修道会の修道士の方々に、その場に同席した私は「ここは天国なんだ」と恍惚とした至福感を味わいました。

この一週間の修道院での滞在によって、私は司祭になる気持ちを完全に固めました。自分の人生を振り返ってみた時、あの年の夏、修道生活を体験した一週間というものは、私にとって非常に貴重な時間だったと言えます。

教区司祭になった後に、司牧委員の方たちと一緒に、あの修道院に黙想しに行きました。実に久しぶりのことでした。

「やはり」と言うべきでしょうか、参加者の皆さんは、大人になるまで修道士の生活というものを直接見たことはなかったので、観想修道会の修道士たちと一緒に典礼にあずかれることに、とても感激しているように見えました。

また夏休みの季節を迎えて、あの時の夏休みの思い出が再び蘇ってきました。休暇の真の意味は、日常生活の中で疲れた心と体をリフレッシュさせ、再び活力をチャージすることだと考えられています。イエスさまも公生活において福音宣教に奔走されている合間には、しばしばお一人で静かな場所に滞在して祈りをされていました。イエスさまにとっては、それが休息であり、休暇だったのです。

皆さんも、今度の休暇の時には、修道院を訪問したり、あるいは静かな所に滞在して、黙想をしながら過ごしてみてはいかがでしょう。

幸せな霊的読書

日本の英文学者、渡部《わたなべ》昇一《しょういち》さん（上智大学名誉教授、二〇一七年没）が『知的生活の方法』という本の中で、「壮年期に学べば老齢期に衰えない。老齢期に学べば死んでも腐らない」といったようなことを書いておられます。この本を読んで、私は多くのことを考えさせられました。人は知的に歳をとりたいと願ってさまざまな準備をしますが、その中で真っ先に思いつくのは読書だと思います。

本を読む、そのこと自体にまず喜びを感じますし、読書を通して得たことを心の糧として、人生を豊かにすることができるからです。そして私たちキリスト者はとくに、「霊的に満ち足りた歳を重ねる」ために、必要な準備をしなくてはなりません。そのために最も良い方法は、「霊的読書」でしょう。

ずいぶんと前に観た映画なのでタイトルはもう覚えていないのですが、白髪《しらが》混じりのお年寄りが日差しの降り注ぐ明るい部屋で、揺り椅子に座って聖書を読みながら微笑《ほほえ》んでいた場面が忘れられません。この場面を観てから、老年期の幸せについて考えるようになりました。若い頃から年老いるまで霊的読書の習慣が続いていたら、その魂は澄み、心は喜びと平和でいっぱいの人生を享受できるだろうか、ということを考えるのです。

最近、霊的読書をしながら、私は言葉にできない幸福を感じています。経堂（韓国では以前、聖体を安置してある小聖堂をこう呼んでいた）に一人座って静寂の中、読書の時間を持てるということがどれほど大きな恵みであることか。

時には聖書の世界に浸って喜びを感じ、時には聖人たちの生涯に魅せられ、「なぜ自分はこの程度にしか生きられないか」と恥ずかしく思って、自らを省みたりします。また、霊性のかぐわしい香りに満ちた本を読むことで、うっとりするような霊的世界を味わってみたりもします。

よく秋は読書の季節だと言われますが、何も秋だけが読書の季節ではありません。青葉若葉に彩られたすがすがしい木々を眺めながら、読書や思索の時を楽しむのは、どれほど幸せな体験でしょうか。皆さんをぜひ、この幸せにご招待したいものです。

私の霊を清めたまえ

ある教会の堅信式を司式したとき、聖体拝領後に聖歌隊の歌う聖歌に心を惹かれました。とてもシンプルな聖歌でありながら、感動的でした。その中で、「主よ、私の霊を清めたまえ」という歌詞が何回も何回も繰り返し聞こえてきました。あれほど澄み切って美しく、余韻のある祈りが果たしてあるのだろうかと思うくらいに、心を動かされる聖歌でした。

司祭として四十年余りを生き、そのうちの半分近くの年月を司教として過ごしてきましたが、果たして私の霊は清らかで美しい姿をしているのだろうか？

こうした霊の浄化を願う祈りは、神に向かう全ての人にとって必要ですが、とくに司祭や修道者にはより必要なもののように思います。あの聖歌のように、清らかな霊を携えて生きて行くなら、私たちの人生はどれほど軽やかになることしょう。「主よ、私の霊を清めたまえ」という祈りは、その後、私が一日に何十回もささげる射祷の祈りとなりました。

最近、大気汚染の濃度がＰＭ２・５（注10）という高い数値になり、澄んだ空を見ることが難しい日が多くなりました。でも、大気汚染のＰＭ２・５より恐ろしいもの、それは人びとの心と魂に立ちこめる「埃《ほこり》」なのだという気がします。

清らかな霊を持ち続けたいと思うなら、ＰＭ２・５のように心をどんよりと曇らせたり汚したりする考えは、なくさなければならないと思います。静かに祈りに沈潜する時間を持つことは、魂を清らかにします。言葉によって自分につらく屈辱的な思いをさせた人や、自尊心を傷つけた人を赦し、純粋になれずに欲深くなった気持ちを振り切ってしまわなければなりません。このような気持ちに襲われた時には、「主よ、私の霊を清めたまえ」という射祷を何度も繰り返せばよいでしょう。

清らかな霊を保つために私たちがしなければならないことは、幾つかあります。まず、「祈りの時間を持つ」ことです。祈りの時間は、自分を素直にありのままに見つめることのできる時間であり、過去の過ちに対して赦しを乞う時間です。ですから「祈る」ことによって、心の中の憂いや心配がなくなり、罪に縛られた苦しい気持ちが消えていくのを感じるようになります。これは神さまが祈る人に対して天から贈ってくださるお恵みです。

もう一つは、一日に一回「自分自身を振り返る時間を持つ」ということです。

神学校では一日に一回、自身を振り返る時間が設けられています。「良心省察」（日本では良心の糾明）の時間を主《おも》に昼の祈りの前に行うのです。十分ほどの短い時間ですが、この半日にあったことを振り返り、自己の内面を内省します。すると、わずか半日の間に自分が犯してしまったいろいろな過ちが数多く心に浮かびます。

日々の生活があまりにも忙しいため、そうした自己省察の時間を持つことはとても大変だと思います。でも、忙しければ忙しいほど、自分自身を振り返る時間を持つことは必要だと感じます。そして「ゆるしの秘跡」（告解）を、決して面倒だとは思わないことです。「ゆるしの秘跡」こそ、自分の霊魂を清らかにしてくれる賜物、恵みだからです。

「主よ、私の霊を清めたまえ……主よ、私の霊を清めたまえ」

修道院にて

「年の黙想」（注11）で、慶尚南《キョンサンナム》道《ド》固城《コソン》のオリベッタノ聖ベネディクト修道院（観想修道会）に行ってきました。司祭が合同で行う団体黙想にはどうしても日程の調整がつかず、個人で黙想をすることになりました。修道院はそれほど高くない山の麓にあります。女子の修道院は上に、男子の修道院は下の方にあります。ご縁があってこの修道院で黙想するようになって、もうずいぶん経ちます。

一九九九年の晩秋、私は司教の任命を受けました。そのこと自体が何かの間違いなのではないかと、自分には少しの自信もありませんでした。恐れと不安に圧し潰されそうな重い心を抱いて黙想を始めました。

最初は女子修道院のお聖堂《みどう》に入り、祈りをささげながら、「主よ、勇気を与えてください」と懇願しました。そして何気なく聖書を開いてみますと、旧約聖書の「ヨシュア記」第一章のみことばが目に入りました。モーセの後継者としてイスラエルの民を率いることになったヨシュアに主がおっしゃった言葉でした。

「わたしはモーセとともにいたように、お前とともにいる。わたしはお前から離れることも、お前を見捨てることもしない。強く、雄々しくあれ。」（ヨシュア記1・5―6）

あの時の私にとって、これほど必要としていたみことばがこれ以外のどこにあったでしょうか?

議政府《ウィジョンブ》教区の教区長として新たに任命され、着座式を目前に控えた時も、この修道院を訪れました。その時、私が開いた聖書のみことばは、パウロの「ローマの人々への手紙」の第一章でした。神のみもとで、勇気とアイデンティティーを今一度、私にしっかりと持たせてくれました。その時の啓示は、使徒パウロのように、神さまが私をお呼びになり、神さまの僕《しもべ》として福音を伝えなさいというみことばだったのでしょう。

そして今回、黙想に臨んで「果たしてどんなみことばをいただけるのだろう」

という、半ば好奇心と胸の高鳴りも感じました。本当におかしく、また不思議でもあったのですが、その時、私が開いた聖書の箇所は「コヘレト（集会の書）でした。

「コヘレトは言う。空《くう》の空《くう》。空《くう》の空《くう》。一切《いっさい》は空《くう》。日の下でどのように労苦しても、それが人に何の益があろう。」（コヘレト1・2〜3）

全ての空しさを羅列したコヘレトの言葉は、最後に次のように結ばれています。

「神を畏《おそ》れ、その掟を守れ。これは、すべての人間のなすべきことである。」（コヘレト12・13）

今の私の年齢と職責、そして今の私の魂が最も必要としている言葉、それ以外の何物でもありませんでした。コヘレトの言葉で多く用いられている「空しさ」は、儚《はかな》さや虚しさといった意味も含まれますが、ここにはもっと大切なことが隠されています。それは「価値」であり、「選択」であるということです。

名誉よりも、人間的な喜びよりも、もっと価値のある人生の選択がある。それはすなわち信仰の道であり、求道の道であり、修道者の道であるという気が致します。

もう一つ、コヘレトの言葉で言われている「空しさ」のメッセージは、「去りなさい。荷を下ろして楽になりなさい」ということです。すなわち、あのアンゼルム・グリューン（注12）が『黄昏《たそがれ》の美学』で書いている「捨てることと、重荷をおろして楽になる」ことなのです。

私はそれまでこの修道院で黙想をするたびに、「どうして自分はこんなにもお恵みを頂けるのだろう」と、ずっと思ってきました。不思議なことだなあと。それればかりを思っていたのです。しかしそれは私が順調だから、私が恵まれているから、聖書を開いた私の手が驚異的だったから、そういうことでは決してなかったのです。今回、この修道院でミサをささげ、祈っている中ではっきりと気づきました。それは、「この修道院で生活している修道士・修道女の皆様の祈りのお蔭だったのだ」ということを。

黙想期間中、ミサを主司式してくださった聖ベネディクト修道会の神父様の講話の通り、その恵みは、ご聖体と祈りの恩恵がもたらしてくれた祝福だったのです。一日の大半を祈りに割《さ》き、沈黙と労働の生活（祈り、かつ働け）を通して神との深い信仰に生きておられる観想修道会の会員たちの祈りが、この世に生きる私たち皆に分け与えられていることを感じました。終日、人の気配をまったく感じさせない、誰も訪ねて来ない深い静けさの中、私は幸せと祈りの力というものを感じ取ることができました。そんな至福の恵みの時間に深く感謝します。

また、私が一人きりで退屈しているのかと思って、聖堂の屋根の上をバタバタ騒ぎ回っていたカラスたちも私は嫌ではありませんでした。そして修道院の食事のそのおいしかったことと言ったら！

もっともその時は「黙想」ですから、沈黙のうちに食事をする決まりですので、食事の感想を修道院の皆さんにお伝えすることはできませんでしたけれどね。

そして最後に、お世話になった修道士の皆さんに贈りたい言葉があります。

「私たちは、本当によい選択をしました」と。

友人キム・ジョンフン助祭の想い出

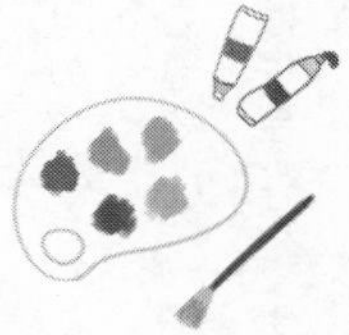

ジョンフン君が私たちのもとを去って主のみもとに行ってから、早くも四十年の月日が過ぎました。ジョンフン君のことを想うと、神学生時代の思い出が一度に蘇り、彼と一緒に過ごした頃が鮮明に脳裏に浮かびます。でも、あの頃はもう二度と戻っては来ません。本当に懐かしく、本当に悲しい気持ちで、あの頃に帰りたいと痛切に思います。

今や私たち神学校の同期生たちは司祭生活四十年を超えた、もう成熟した大人の司祭になりました。ですが、神学生の時に夢見ていたようなすばらしい司祭人生を送ってきたわけではありません。そんな時には決まって、ジョンフン君がことさらに思い出されるのです。なぜなら、ジョンフン君の葬儀ミサをささげたとき、ジョンフン君と彼のご家族に対して、「彼の分まで一生懸命に働き、立派な司祭として生きていきます」と心の中で誓ったからです。また、ジョンフン君が今いてくれたら、きっと私たちをしっかりと引っ張ってくれただろうにという寂しい気持ちになるからです。

十年余り前になりますが、私たちはジョンフン君の追悼遺作展を開きました。その時に展示されていた彼の遺作の数々をパンフレットで見ながら、改めてその画才の豊かさに感嘆せざるを得ませんでした。「どうしたら、こんなに上手く絵が描けるのだろう」。それは感嘆というよりも、「どうしたら彼のように生きられるのだろう」という驚きでもありました。

ジョンフン君の絵は、自然に対する深い愛のうちに、その方向性は「神との出会い」にしっかりと向かっていました。それは絵を通した真摯《しんし》な求道の姿だったのです。

彼の人生は短かった。けれど、神に一直線に向かったその人生の深さ、学問に対するその情熱、芸術に対するその純粋なひたむきさ……。そのどれ一つとして切り離せないほど、見事に調和した「生」を彼は生きたのです。そしてジョンフン君の人生の頂点、それこそが「神への信仰」だったのです。真摯《しんし》で清らかに人生を駆け抜け、そして天に召された大事なわが友、ジョンフン。だからこそ、私は彼を誇りに思うし、またより彼が恋しくもなるのです。

ジョンフン君の追悼遺作展が開かれたとき、ソウル教区大司教のキム・スーハン（金壽煥）枢機卿様（注13）がまだご存命でしたので、枢機卿様をお訪ねし、ジョンフン君の思い出について語り合いました。ジョンフン君の人柄をことのほか愛しておられた枢機卿様でしたから、追悼遺作展のことをお話しすると、もうすでに行ってご覧になってきたとのことでした。

枢機卿様は、「どうしたらあんなに上手に絵が描けるのだろう」とおっしゃった後に、ポツンと一言、「とても魂のきれいな人だった」と言いました。

おそらく以前、ジョンフン君と一緒に長時間列車の旅行をされたときに、枢機卿様が彼を観察していて感じた印象だったのでしょう。重ねて枢機卿様は、ジョンフン君の助祭叙階式には、ご自身のやむを得ない事情で遅れて参加したことを申し訳なかったともおっしゃっていました。

「司祭になっていたら、教会のためにすばらしい役割を果たしてくれただろうに……」というその残念なお気持ちは、私たち司祭仲間だけでなく、教会の人たち全ての思いでもあったのです。彼の死を知った海外の知人たちも、大変に悲しんでいたという話も伝え聞きました。

今、ジョンフン君は天国で完全な平和を享受しつつ、家族と友人・知人のために熱心に祈ってくれているだろうと思います。長い時間が過ぎた今、ご家族、とくにお母様の心の片隅に深く残っていた痛みは、もう癒やされたことでしょう。

ご家族にとって、ジョンフン君を神さまにささげた尊い犠牲の代わりとして、神さまがお与えくださる信仰の実りが豊かでありますようにと、心から願い、祈っています。

手を握ってあげましたか？

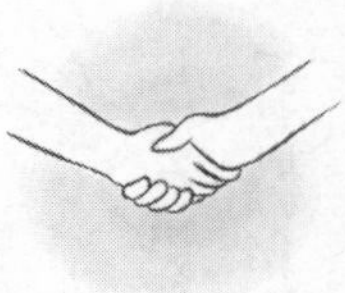

ふと、幼い頃に読んだ童話を思い出しました。生まれてから一度も善い行いをしたことがない人が亡くなって、あの世で審判を受けることになりました。裁判官から「お前は生きている時、何か一つでも人に慈善を施したことがあるか？」と聞かれましたが、この人には答えることができませんでした。彼は慈善はおろか、特別に善いことをしたことが一つもなかったのです。その亡者はしばらく考えていましたが、思い出したことがありました。彼は昔、貧しい人におネギを一本上げたことがあったのです。するとそれを聞いた裁判官は、その亡者にネギを一本握らせて天国に引き渡すようにと天使に命じました。ところがその人はネギを掴んで天国に昇っていく途中、自分の足にしがみついて天国についてくる他の亡者に気づいて、その人を足蹴《あしげ》にしようとした弾みで、ネギがちぎれ、自

分も地上に落下してしまったという話です。

教皇フランシスコは教皇に選ばれる前、「ゆるしの秘跡（告解）」を授ける前に、しばしば信者に「あなたは慈善を施したことがありますか」と尋ねていたそうです。聞かれた人が「はい」と答えると、教皇様は続けて「その人の目を見つめましたか」と尋ね、相手が「はい」と返事をしたら、「その人の手を握ってあげましたか」と重ねて聞かれたそうです。たくさんの人に慈善の施しをすることはあっても、目を合わせたり、手を握ってあげたりすることは簡単ではないと思います。この教皇様の教えは、たとえ小さな善い行いであっても、温かい心ときょうだい愛が伴っていなければならないということを、私たちに伝えているかのようです。

旧約聖書のトビト記には、「お前の持ち物を施しなさい。施しをする時には、物惜しげな目をしてはならない。どんな貧しい人に対しても顔を背けてはならない。そうすれば、神もまたお前に対してみ顔を背けないであろう。」（トビト記4・7）とあります。またシラ書には、「お前の倉に施し物を蓄えよ。これは、お前をあらゆる悪から救うだろう。」（シラ書29・12）と記されています。新約聖書でも、「わたしが望むのは犠牲《いけにえ》ではなく、憐れみである。」（マタイ9・13）とあり、「使徒言行録」では、「あなたの施しは神の前に覚えられている。」（使徒言行録10・31）とあります。

慈善、それは信仰生活の実りだと言えるでしょう。この世において善い行いがなければ、世界はどんなに不毛で荒涼としたものになるだろうとさえ思います。善い行いは、神に喜ばれます。そして神は、そんな私たちの行いを必ず覚えていてくださるのです。

人びとを一番幸せにしてくれること

私が初めて赴任した教会で、一緒に働いてくださったシスターが誓願金祝（五十周年）を迎えられたということで、彼女に会いに行きました。当時四十代前半だったそのシスターは、もう七十代半ばのおばあちゃんになっていらっしゃいました。

その日私は、「彼女に喜んでいただけるような一日を過ごそう」と、強く心に決めていました。司祭になって最初の教会で、司牧の同伴者として互いに励まし合い、幸せに過ごさせていただいた感謝と思い出を心に思い浮かべながら。

すでに高齢のため、教会活動から手を引いておられたそのシスターは、障がい者福祉施設のお手伝いをしながら日々を過ごしていらっしゃいました。

まず私は、彼女の所属する修道院の聖堂でミサをささげました。修道院でのミサは初めてではない私でも、十名あまりのシスターたちが歌う清らかな聖歌の調べは、とても新鮮に聞こえました。説教の時、私は彼女と一緒に働いた当時の思い出をお話しました。お話をしながら、私もまた感慨深く胸に迫るものがありました。そして、「修道女として五十年という歳月を重ねてきた彼女の上に、霊性の花が美しく咲きますように。また奉献生活者として、彼女の晩年が実り豊かなものでありますように」と主に祈りをささげました。

ミサの後、昼食をいただいて、障がい者の友人たちが働いているカフェでコーヒーをいただきながら、シスターたちといろいろとお話をしました。皆さん、「修道者として生き、働いてきて、そして障がい者の皆さんと一緒に過ごす今のこの時が、一番幸せのように思います」と口々に話してくれました。おそらく彼女たちは責任ある仕事から離れて、障がい者の方たちの素朴で親しい友となって、小さな奉仕をささげておられるからではないでしょうか。以前はシスターの皆さん方、教会やそれぞれの任地で、それこそ無我夢中で忙しく働いていましたからね。

ずいぶんと前に、ある知人に聞いた話です。『名言事典』という本の中に、

・一日幸せでいたいなら、床屋に行きなさい。

・一週間幸せでいたいなら、車を買いなさい。

・一カ月幸せでいたいなら、家を買いなさい。
・一生幸せでいたいなら、奉仕をすることです。

という言葉があるそうです。
（訳者注：これはイギリスのことわざで、最後の箇所は「奉仕」ではなく、正しくは「正直に生きなさい」、または「素直に生きなさい」）。

人を一番幸せにしてくれるのは、「私心を持たず、愛によって行われる奉仕」だということです。米国ハーバード大学の教授だったヘンリー・ナウエン神父（注14）が教授の職を投げ打ってラルシュ共同体をサポートしたことも、障がいのある方たちへの深い愛、彼らと一緒に生きて奉仕をしたいという温かな心によるものでした。

私の知っているある脱北者の方は、言葉に尽くせぬ大変な苦労を経験しました。時には、韓国に来たことを後悔したこともあったそうです。そんな時、その人に新たな命を吹き込んだのは、まさに障がい者共同体での奉仕活動でした。障がいを抱えながら懸命に一日を生きる人たちと接するうちに、その人は自分の苦労なんて何ほどのこともないと知るようになり、こうした障がいのある人たちを訪問して奉仕する時間は、あまりにもうれしく、充実していて幸せな時間だったと言っていたそうです。

愛を行う人は神を知るようになります。そして神を知っている人は幸せな人なのです。

十月のある素敵な日に

　とある教会主催の音楽会から、ご招待をいただきました。その音楽会のプログラムを見て私は興味を覚えました。信者の数も決して多くはない小さな教会で音楽会を開くというのも興味がありましたし、近隣の五つの教会の聖歌隊が一緒になって開催するというのも、意義深いことだと感じたからです。それだけでなく、演奏会の当日に参加してくださる賛助出演の方たちのお名前を見ると、知名度の高いすばらしい方々ばかりで、町はずれの小さな教会の音楽会にたやすく出演される方たちではないように思えたからです。

　もしかしたら、音楽会に来るのが中々難しい信者たちのために、こうした才能ある音楽家たちが友情出演してくださったのだろうかとも考えました。

　司教として教会を励ましたいという気持ちもありましたが、音楽会そのものにも強い関心があり、当日、足を運んでみました。音楽会は期待以上のすばらしい出来でした。中でも、何よりも私を感動させたのは、聖歌隊の歌うミサ曲の数々でした。かなりの大編成で組まれた聖歌隊のハーモニーも実にすばらしかったし、神の憐れみを心から願い求める美しい聖歌の数々は歌う人たちの真心が込められていて、心がほんのりと温かくなるような、そんな喜びを与えてくれました。友情出演してくださった方々の演奏も、その実力に違わず、格調高く、秋の音楽会にいるような気持ちにさせてくれました。さらにその教会の神父がソプラノ歌手たちと一緒になって歌い上げた歌は、教会の信者たちをさらに喜ばせました。あの日の音楽会は、まさにその神父が歌った曲「十月のある素敵な日」そのものでした。

事前に関係者の間で打ち合わせでもしていたのでしょうか、プログラム終了後のアンコールで、聴衆のリクエストに応えた指揮者が私にアイルランド民謡の「ダニーボーイ」（注16）を歌ってほしいと言うのです。困りましたが、仕方なく一曲歌いました。文化事業などがまだ少なかった昔、聖堂で行うイエスさまの降誕祭で披露される聖劇や音楽会などは、皆が待ち焦がれる教会の一大行事でした。

若い時に聖歌隊の活動で、夜遅くまで残って聖歌の練習をしていた方たち、クリスマスの準備のために足しげく聖堂に通って青少年時代を過ごした方々、そんな人たちにとって、当時のことは懐かしくも美しい思い出として記憶に残っており、そうした時間を共に過ごすことを通して私たちは、「教会人」として成長していったのだと思います。

信仰生活において、聖歌や演劇、宗教的な映画といった文化・芸術はとても重要です。英国の世界的に著名なカトリック文学者のグレアム・グリーン(注17)は、ある日ふと立ち寄った聖堂で、誰かが演奏していたパイプオルガンの音色に深く感動し、神を求めるようになったと書き記しています。

聖歌隊の歌う美しい聖歌や荘厳なミサの典礼の美しい芸術が、久しぶりに再び教会を訪れた人たちや、つらい人生の合間に慰めを求めて聖堂を訪ねてきた方たちにとって、イエスさまに出会うための大きな力となってくれるようにと心から願っています。

そう、この小さな聖堂の音楽会が、多くの聴衆の心を喜びと暖かさ、そして隣人愛で満たしてくれたように。

また司祭の霊と共に

最近、「ミサの式次第」が数カ所、変更になりました。韓国語の「ミサ式次第」の一部を、ラテン語の原文により忠実になるように修正したのですね。ミサの中で、新しく変更された「式次第」の祈祷文を唱えながら、幼少の頃、ラテン語でミサの侍者をしていたことを思い出しました。

第二バチカン公会議（一九六二―六五年）によって、教会にはたくさんの変化が生じましたが、典礼においても多くの変化がありました。それまでラテン語のみを使用していたミサの「式次第」が自国語で行うことができるようになりました。またミサの時、従来ですと、司祭は会衆に背を向けてミサをささげていましたが（背面ミサ）、公会議後は信者に面と向かって共にミサをささげるように変わりました（対面ミサ）。それまでのラテン語による典礼では、主日のミサに参加していた信者は、司祭がどんな祈りを唱えているか知る術《すべ》がありませんでした。ただ、信者が応答すべき重要な部分だけをラテン語で唱えていました。長い祈祷を信者がラテン語で唱えるのは難しいので、短い部分だけ応唱していたのです。その代表的なものが、司祭が「ドミヌス・ヴォビス・クム（Dominus vobis cum／主は皆さんと共に）」と呼びかけますと、会衆が「エト・クム・スピリトゥ・トゥオ（Et cum sprittu tuo／また司祭と共に）」と答えるものでした。当時、信者たちが自信をもって唱えることのできた応答句が「Et cum sprittu tuo」という言葉だったのです。

私は少年時代に侍者をしていました。信者の皆さんが唱えるべき応答の言葉は、侍者が信者に代わってラテン語で唱えなければなりませんでした。信者の方々が難しいラテン語の長文の祈りを、諳《そら》んじて唱えることができなかったからです。当時の侍者の少年たちは、長いラテン語の祈祷の部分をハングルで書かれた冊子を読みながら、信者の代わりを務めたものです。初めて侍者を務める少年の中には、時々、間違った応答をする子もいました。ミサの形式も大きく変わりました。以前は祭壇と会衆の間に、聖体を拝領するための細長いひざまずき台がありました。聖体拝領の時になると、侍者が前に出てきて、薄い平織りの綿布（モスリン）で作られた長く白い布を、台の手すりの両側からめくっていきます。信者たちはその台にひざまずいて聖体を拝領し、侍者たちは聖体授与の際に尊い聖体が床に落ちないように、拝領する信者たちのあごの下に拝領用の受け皿をあてがっていたものです。

自国語でミサをささげるようになったのは、一九七〇年代からでした。ですから、信者たちはかなり長い間、最も自信のあるラテン語として「Et cum sprittu tuo／また司祭と共に」を暗記し、それをミサの中で唱えていたのです。

この「Et cum sprittu tuo」ですが、長い間「また司祭と共に」と翻訳して使用されていましたが、現在、韓国では「また司祭の霊と共に」（注18）と修正されています。

「司祭の霊と共に」は、「司祭と共に」という単純な意味を超えて司祭の中にある霊、すなわち聖変化を通して働かれる聖霊と、その聖霊の赦しを含む、ということなのです。司祭という身分がどれほど重要であるかを改めて気づかされました。

パウロは書簡を書き始めた当初、必ずといってよいほど彼自身のことを、自分は神さまから呼ばれた『種』、または『使徒』だと言っています。司祭の身分は自分で選んだものではなく、「神さまが選ばれた者なのだ」ということを思い出させてくれます。短い表現ですが、実に深い意味が込められているこの「また司祭の霊と共に」の言葉。この言葉によって叙階式を通して聖別された司祭たちが、司祭職に対する彼らの信念と決意とを今一度、噛みしめてくれますように。

われらの教会

私には、神学生の頃から一つの夢がありました。それはイエスさまを愛し、苦しむ貧しい隣人を訪問してくれる信者たちがいて、祈りと賛美の歌声があふれる、そんな教会の司祭になる、ということでした。

フランスの有名な作家ジョルジュ・ベルナノスが書いた『田舎司祭の日記』に登場する小さな田舎の村の若い司祭が、「私の教会、感動なしでは語ることができない」と言っているような、そのような教会の神父になりたかったのです。

時々、教会の集会があると、私はよく「司教になって一番残念なことの一つは、小教区の司祭になれないことです」と話します。これは掛け値なしの本音です。教会を司牧訪問する時、私はその教会の信徒さん同士が仲睦《なかむつ》まじく談笑し、和やかな愛にあふれているのを見ると、とても微笑《ほほえ》ましくなります。しかしその反対に、和やかさがなく、どこかとげとげしている教会を見ると、胸が痛くなります。

教会共同体が神さまのみことばに従って幸せに生き、美しい賛美と祈りに満ちあふれ、貧しい人たちに愛を実践し、地域の人びとが気軽に訪れて和やかな時を過ごす。そんな場所に教会がなれたなら、本当に幸せな「神さまの家」となることでしょう。すべての司祭と信者の皆さんがあの『田舎司祭の日記』に出てくる神父のように、感動と愛情の心で「私の教会！」と叫ぶことができたなら、どんなにすばらしいことでしょう。

私たちは洗礼の秘跡を通して、神さまから「福音の種」をいただきました。この神さまにいただいた「種」が育っていく場所、それが教会です。神の恵みの雨によって土はしっとりと濡れ、祈りと秘跡は滋味豊かな肥料として私たちが受け取った「福音の種」を発芽させ、実を結ばせる、その場所こそが教会なのです。

農民が倦《う》むことなく畑に出ていくように、私たちも足繁く教会を訪ねていかなければなりません。農民が汗を流して畑を耕すように、私たちも祈りと愛の実践によって信仰の畑を耕し、豊かな実がなるように努めなければなりません。

教会は神のみことばを聞き、そのみことばを通して自分を成長させる場所です。すべての教会が、司祭たちと信者の皆さんに、感動と幸福を与える場所となるように切に祈っています。

天の国の憲法

私たち韓国の国民は、国家の最高指導者である大統領が法の審判を受ける場面をテレビ中継を通して観ました。それは息が詰まるような瞬間でした。憲法を順守しなかったということと、国民のために誠実に奉仕しなければならない職務を疎かにしたという罪に対する罪状が、静かなうちにも厳粛に読み上げられました。

その二十一分という短くも長い中継時間は、一人の国民として不幸でもありましたし、心の痛む時間でもありました。この裁判は、一人の国家指導者の過ちに対する審判ではありましたが、それよりもっと大きな事、すなわち民主主義とは何か、法とは何か、国家の指導者とはどのような人でなければならないかに対する気づきの時間でもありました。

憲法裁判所の読み上げる判決文を聞いて、この判決文が私たちの国の青少年の心に深く刻まれる生きた教育となることを強く願いました。

ところで、ここで私たちはある大切なことについて考えざるを得ません。それは私たちが韓国の国民というだけではなくて、『わたしたちの国籍は天にある』（フィリピ3・20）という点です。イエス・キリストが教えてくださった国は「愛の国」であり、「正義の国」であり、「平和の国」です。私たち信仰者は神が将来、私たちに約束してくださったその「国」を待ち望みながら、この地上で愛と平和を実践しなければなりません。それでは「救いの恵み」として神のみ国へと招かれている私たちは、その招きにどのようにお応えするべきなのでしょうか。

聖書では、「永遠の命を得るためには、どんな善いことをすればよいでしょうか」（マタイ19・16）との問いに対してイエスさまは、とても具体的なお答えをくださいました。すなわち、「もし命に入りたいなら、掟を守りなさい」（マタイ19・17）と。

これが、天の国の市民である私たちの「憲法」です。天の国の憲法である掟を要約するなら、「主である神を愛し、隣人を愛する」ということです。天の国の憲法の精神は、「愛」にあるのです。

私たちもいつの日か、天の国の憲法裁判所の「裁きの場」に立つことになるでしょう。その時、審判における最も大切な要素は、愛の実践、つまり何も持たない人たちに対して私たちがどれだけ愛の実践を行ったかということです。私たちは聖書に出てくる「最後の審判」の場面をよく知っています。

「あなた方によく言っておく。これらのわたしの兄弟、しかも最も小さなものの一人にしたことは、わたしにしたのである。」（マタイ25・40）

あるフランス人司教様の願い

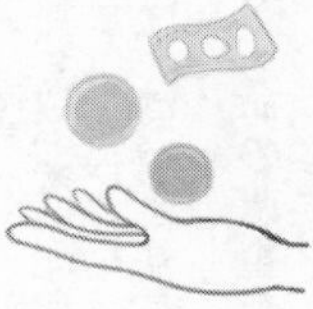

何年か前に、あるフランス人の司教様が議政府《ウィジョンブ》教区の司教である私を訪問されたことがありました。私たちの教区の現状をお聞きになって、また信徒の皆さんが聖堂で熱心に活動している姿を実際にご覧になって、その司教様は驚きを隠せませんでした。

「昔と違って、最近のヨーロッパの大部分の教会は困難な状況に置かれています。フランスの教会も同様で、フランスは今はもう、キリスト教国とは言えなくなりました」と、彼は嘆息混じりにおっしゃいました。

フランスにはどこの村に行っても美しい聖堂がありますが、フランス人の多くがキリスト者らしい人生を生きてはいない、ということでした。フランス国民の八〇%がカトリック信者として洗礼を受けていますが、そのうち信仰を守って生活している人は、わずか八～九％しかおらず、その大半がお歳を召した高齢者なのだそうです。

それだけでなく、マスメディアも伝統的なキリスト教の価値観から国民を遠ざけるような情報や論調を煽《あお》っているということでした。そうした結果、物質至上主義がはびこり、お金中心の社会、家庭が崩壊されて倫理的危機にフランスの社会は直面しているとのことでした。

そうしたお話を伺いながら、翻《ひるがえ》って韓国の教会はどうなのだろうと考えました。時折、外国から訪ねて来られたお客様が感嘆して、この国の教会に対して熱く感動を語ってくださるのを耳にします。皆さん、韓国のどこに行っても多くの教会を見ることができ、教会活動への情熱を信者さんたちから感じると言います。そうしたお話を聞きながら、一方で私は恥ずかしさも感じます。

韓国のカトリック現勢（教会数、聖職者数、信徒数）の数値は確かに高くなってはいますが、そうした統計上の数値は、はっきり言って現実の信仰や行動と乖《かい》離《り》しています。社会全体の倫理的な面や生命の尊重をはじめ、地域社会におけるキリスト者としての生き方を通した「証し」、分かち合いや奉仕、愛の実践が、限りなく不足しているからです。先のフランス人司教様は、韓国の司祭・修道者・一般の信徒さんたちに向けた講演の中で次のようにお話をなさったそうです。

「司祭の皆さんにお願いすることはとてもシンプルです。それは『神の人になりなさい』ということです。神父様たち、どうか信者たちにとってお父さんになってください。そのためには、あなた方がキリストに似なくてはなりません。信徒の皆様には、どうかお金によって成り立つ家庭にしないようにとお願いしたいです。家庭は神さまの真実と愛を学び、それを実践する場です。常に喜びをもって生き、私たちキリスト者の人生には意味があるということを周りの人に示さなければなりません。男女の修道者の皆さんにお願いします。人びとはあなたたちを見る時、天国は実際に存在しているということに気づきます。あなたたち修道者は、『永遠の命』を証しする存在でなければなりません。あなたたちは、見返りを求めない生き方というものが実際に存在するということを示さなければなりません」

これは、私たちがそれぞれの立場において心に深く刻み付け、実際に生きなければならない言葉なのではないでしょうか。

この世の光と塩

最近、韓国のカトリック教会は社会倫理に対する重要性を強調しています。数年前から「社会倫理週間」というものを設けて、全ての信者に社会倫理の重要性を教えており、社会倫理学校を運営する教区も増えています。

カトリック教会が社会倫理を強調しているのは、何も真新しいことではありません。これまでも教会は、重要な正念場を迎えるたびに、度々《たびたび》、政治や社会問題に対して公的に発言を行ってきました。社会倫理に関して教会としての正しい認識を示すということは、司祭たちの重要な役割の一つです。

社会問題に対する関心というものは、聖書においても見ることができます。イスラエルの民にとって、神さまは次のように理解されてきました。正義の方、貧しい者や弱者、人から見捨てられ、仲間外れにされた人たちを受け入れ、愛してくださる方、外国人、夫を亡くした女性、つらく悲しい思いをしている人たちの味方になってくださる方、抑圧されている人たちを解放してくださる方です。

預言者たちは、神の民であるイスラエルが「正義の実現こそが宗教の主要な関心事である」ということを常に思い出すようにと、警鐘を鳴らしてきました。そして無力で貧しい人たちを顧みられる神さまの意図を実践するように勧め、それを強調してきました。イエスさまも山上の説教で、慈悲と誠意を実践する人たちだけでなく、平和をつくり出す人、義のために迫害される人たちを「幸いな者」とおっしゃいました。

このように見てくると、社会倫理とは私たちの時代・経済・政治の諸問題に対する倫理的な反省と洞察であり、それは私たちがキリスト者として周囲に起こっているさまざまな事柄・事象に関心を持つことから始まると言えます。

韓国カトリック教会の現勢が一九七〇年代に入って急速に伸長したのは、当時、困難な状況にあった政治と社会の現実の中で、独裁政権が犯したさまざまな不正と人権侵害に対して、教会が正義と真理のために勇敢に闘う姿勢を見せたからでした。一九七〇~八〇年代、韓国史の激動期を生き抜いてきた人びとは、その当時、私たちの社会がいかに危うかったかをよく知っています。そしてその度《たび》に教会は、命の危険も顧みず、声を大にして不正義に立ち向かってきました。ソウル市にあるカトリック明洞《ミョンドン》大聖堂が、自由と正義を守る砦でした。

もちろんそうした時でも、こうした教会の姿勢に対して反対の声がなくはなかったのですが、正義の実現と弱者のために力を注ぐ教会に対して多くの人が拍手を送り、賛同と好感を示しました。そしてこうした教会の姿に共感した数多くの人たちが、やがて教会の門をくぐるようになったのでした。

ここ数年、韓国のカトリック教会は司祭会議の各委員会などを通して、教会の社会教説に礎《いしずえ》を置いて、政治的・社会的な問題、および主要な懸案事項について対社会に向けて、公的声明を発信し続けています。それだけでなく、多くの司祭、修道者、一般の信徒たちがそれぞれの現場において、多様な形で社会的に弱い立場に置かれた人たちと連帯する努力を行っています。

私は、教会における社会倫理とは、「正義と慈しみ」そのものである神さまに従う民の集まりである教会が、その神のご意志を実践するための「道しるべ」だと思っています。イスラエルの歴史の中で、いにしえの預言者たちがかつて実践したのと同じ役割を、いつの世にあっても教会は果たさなければならないのです。なぜなら、イエスさまが言われたように私たちは、「世の光であり、地の塩」だからなのです。

キリスト者の初心

フランシスコ教皇様は、教皇に選出されてからというもの、全教会に向けて、「貧しい教会とならなければなりません」「教会は貧しい人びとに寄り添わなければなりません」と、「貧しさ」を強調され続けておられます。教会において「貧しさ」という概念が新たに強調されているのです。

イエスさまは真の幸いを宣べられたとき、「貧しさ」を何よりも優先されました。「貧しさ」は、私たちが帰るべき最初の原点であり、初心なのだと思います。世間の荒波に翻弄されてつらく苦しい時、純粋な心を失って人間関係に悩む時。そんな時に思い出すのは、経済的に貧しくても幸せだった頃の想い出です。

今は経済的に豊かな生活をしているのに、何か寂しい、虚しい、心に隙間風が吹く。満ち足りていないと感じている夫婦が、貧しかったけれども幸せだった新婚時代を懐かしく思うこともあるでしょう。

今、世の中は相対的にではありますが、豊かになりました。しかし生活が複雑になり、人間関係がつらく難しくなる時、私たちに必要なのは「貧しさの心」なのです。

日本で在日韓国人のための同胞司牧を行っていた一九九〇年代の初頭、日本社会はバブル経済崩壊の余波で、とても困難な時期にありました。高度経済成長で、しばらく順調だった経済にブレーキがかかり、多くの日本国民は慎ましい生活をしながらも大変な思いをしていることが、外国人の私にも感じられるほどでした。その当時、かなり長期にわたって日本でベストセラーになったのが、ドイツ文学者で評論家の中野孝次さんの著『清貧の思想』でした。

今また困難な時期に直面している日本が、再び取り戻さなければならない心が「清貧」であると国民に共感できたこと、またキリスト教文化が定着していない日本社会において「貧しさ」が話題になったということは、今も記憶に新しい社会現象でした。

今日、世界のカトリック教会は信仰の危機に直面しています。教会が刷新されなければならない今この時、私たちに一番必要なものは「貧しさ」ではないかと私は思います。それ故に教皇様も、この「貧しさ」というキリスト者にとっての初心を、声を大にしておっしゃっているのではないかと思います。

事実、「貧しさ」はイエスさまのご生涯と教えの出発点でありました。イエスさまがご降誕の場として選ばれたのは、貧しい粗末な馬小屋の飼い葉桶でしたし、救い主を一番最初に拝みに来た人びとも貧しい羊飼いたちでした。またマリアとヨセフが最初に神殿に奉献した供え物も、貧者のささげ物である二羽の鳩がその全てでした。

イエスさまに与えられた使命は、「貧しい人に福音を伝え、目の見えない人に視力の回復を告げ知らせ、抑圧されている人に自由を与え、主の恵みの年を告げ知らせるため」でした（ルカ4・18参照）。そして世の人びとに真の幸いとは何かを語られた時、「貧しい人々は幸いである。神の国はあなた方のものである」（ルカ6・20）と言われました。苦しみと貧しさに呻《うめ》き苦しむ人たちは、神さまのみ心の中で特別な場所を占めているということのみならず、天国に行くことができる人は、貧しく苦しんでいる人たちに何か良いことをして差し上げられる人でもある、というのです。

とくにそれを、「あなた方は、わたしが飢えていた時に食べさせ、渇いていた時に飲ませ、旅をしていた時に宿を貸し、裸の時に服を着せ、病気の時には見舞い、牢獄にいた時に訪ねてくれた」(マタイ25・35―36参照)というお言葉で示され、「貧しい人たちよ、私こそが〝貧しさそのもの〟なのですよ」とご自身を示されているのです。他者からの助けがなければ生きることのできない人たち。そういう人たちにイエスさまは進んで近づき、自らが友となって、彼らの生きる力と希望となられたのです。

教会の刷新だけではなく、私たち一人ひとりの信仰者としての生き方を刷新するために、「貧しさ」の中に秘められた宝物の数々を思い起こし、探し出しながら、生きていければ幸いと思っています。

若い人びとのために祈ります

とある女子の観想修道院で個人黙想を行いました。黙想の期間中は、一日の大半を祈りのうちに過ごします。おそらく社会人の皆さんが職場に出勤して仕事をするのとほとんど変わらない時間というものを、祈りの時間に充てているのではないかと思います。

シスターたちが清らかな声で歌いながら祈る修道院で共に時間を過ごしていますと、長い年月を祈りのうちに過ごしてきた私でさえも、深い感動を覚えます。祈りの時間になると、この女子修道院は一般の信者さんにも開放しますので、かなりの人数の信者さんが来て一緒に祈っています。休暇を静かな環境で祈りのうちに過ごすために、修道院の近くに部屋を借りて数日をここで過ごしていく人もいます。

ここで黙想をしながら私は、最近さまざまな困難に見舞われている若い人たちのもとに出向いて行き、一緒に祈る時間を持てたらどんなによいだろうと思いました。祈りの時間にシスターたちがささげる共同祈願では、「若い人びとの上に祝福があるように」と願う祈りと共に、「彼らの中から聖なる者が数多く出ますように」と願う召命の祈りが毎回唱えられました。ここに滞在している間、私も自国の青年たちのための祈りが、自然と心から湧いて出ました。

これは全世界に共通して言えることですが、韓国の社会においても最も困難な状況に置かれているのが、二十代から三十代の若者たちです。以前の一時期と比べてはるかに就職が難しく、資金の準備ができないために結婚や出産をあきらめる若者が多いのです。また、たとえ結婚したとしても、子育てや教育費に多額の費用がかかるのが現実です。本当につらい時代を生きる若者世代のために、政府、大企業、そして私たち社会全体が何らかの対策を講じなければならない時代に直面しています。

教会は若者のために祈り、彼らのための司牧にもっともっと力を注がなければなりません。今の若者たちは、私たちの物質主義の価値観とその文化の中で生まれ育ってきた世代です。そのため、家庭や教会で宗教教育や人格教育といったものを、十分に受けられなかった若者の数は多いと考えられます。

若年層の高い失業率が物語るように、挫折と意欲の喪失によって若者たちはつらく苦しい時代を生きています。彼らにとって、イエスさまが新たな希望の光となるよう、キリスト者は若者たちに寄り添って行かなければならないでしょう。現在の青年を取り巻く状況に残念な思いはありますが、それでもかなり多くの青年たちが聖書の集まりに参加し、教会の奉仕活動も共にしてくれているのはとてもうれしいことです。

もし私に願いが一つあるとするならば、多くの若者たちが神さまに呼ばれて奉仕と福音の喜びのうちに生きていってくれたらということです。

今、つらい時を過ごしている若者たちのために、私たちは祈らなければなりません。

きょうだいとして当たり前のこと

司教会議「民族和解委員会」の主催で、「ＤＺＭ　平和への道」（注19）を徒歩で巡礼する企画を実施しました。小・中・高等学校の生徒をはじめ、二十代から六十代までと幅広い層の人びとが参加して、総勢二百余名もの大規模な合宿となりました。年齢の幅もさまざまでしたが、司祭、修道者、脱北者、他文化の家族など、出身も生き方も経験もそれぞれに異なる多様な人たちが一週間を共に過ごすのは、実に貴重な体験でした。この行事の趣旨が「停戦六十周年を迎え、分断の象徴であるＤＺＭの道を歩きながら、平和と統一に思いを馳せること」であったので、参加者たちの思いも格別なものであったろうと思います。

私は都合もあり、すべての日程を参加者の皆さんとご一緒することはできませんでしたが、初日の開会ミサをささげて臨津閣《イムジンガク》の平和の鐘を鳴らし、参加者の皆さんとＤＺＭの鉄条網に沿って自転車を走らせたり、付近を一緒に散歩したりすることができました。また四日目には、江原道《カンウォンド》華川郡《ドチョンクン》で昼食も共にしました。

今回の企画について、参加した青少年の幾人かに話を聞いてみました。彼らは、「歩くのは大変だったけど、平和と統一に対して考える時間を持つことができてよかった」とか、「初めて統一のために祈った」、「統一を成し遂げなければならないという考えを持つようになりました」と、口々に語ってくれました。

とくに各グループに一名ずつ参加していた脱北者たちが語った北朝鮮での過酷な日々、韓国の地を踏むまでのつらく苦しい道のり、そして現在の韓国での暮らしぶりを聞いて涙があふれたとも話してくれました。

この徒歩巡礼の企画を締めくくるにあたり、私は幾つかの考えを持つようになりました。まず第一に、教会は統一への希望を語りかける場にならなくてはならないということ。民族の和解と統一、民族不和により別れ別れになってしまった兄弟姉妹たちの再会は、神さまから私たちに与えられた使命です。のみならず、統一がなされるならば、私たちはより大きな民族、より資源の豊かな国、世界に羽ばたける国、大規模な経済成長を成し遂げられる国になるでしょう。

第二に、統一を成し遂げて北の兄弟姉妹たちに神の国の教えを広め、神の国の喜びと希望を伝えなければなりません。私たちが世界の至る所で福音を宣教している間、北の別れ別れになった兄弟姉妹たちは神さまのことを知らずにいるのです。私たちが彼らを見離してよい訳はありません。

第三に、飢餓と貧困に苦しんでいる兄弟姉妹たちに、愛と分かち合いを実践することです。飢えに苦しむきょうだいたちを労《いた》わることは、民族主義よりも優先し、人道主義よりも先んじて行わなければならない当然のことであり、兄弟姉妹として当たり前のことなのです。彼らを労《いた》わり、その苦しみを共にすること。それこそが、統一のために私たちが為さねばならない「最大の愛」であり、「最大の投資」なのです。

されど忘れ得ぬわが祖国

離散家族の再会の場面を見るたびに、言葉にならない心の痛みを覚えます。私もまた離散家族の一人ですから、余計につらいのでしょうね。

一九五一年、私たち家族は住み慣れた祖国・北朝鮮を後にして、南へ、南へとやってきました。「一・四後退」（一九五一年一月四日、中国の人民義勇軍がソウルを占拠し、国連軍が退却した日）の時のことでした。多くの離散家族がそうであったように、それは命がけの危険な逃避行でした。

当時の私は幼なすぎて故郷のことはあまり覚えていないのですが、故郷や逃避行の話は家族からたくさん聞かされて、いまだに記憶に生々しく残っています。

私の家族は全員、熱心なカトリック信者の一家でしたから、宗教の自由がない北朝鮮で生きていくことは困難でした。そのため、人民軍に連行される危険のあった父はひと足先に韓国に渡りました。次に私を含む幼いきょうだい二人と母の三人が避難しました。実は私にはさらに二人の姉がいます。わたしたちが避難して数日後に姉たちは、母の実家の人たちと一緒に逃げてくる予定でした。ところが状況が急変して、母の実家が避難することができなくなってしまい、何とも切ないことに北朝鮮にそのまま残ることになってしまったのです。

私たち先に避難した家族は約束どおり、釜山《プサン》のカトリック中央聖堂で父と会うことができました。当時の中央聖堂の広場は北から逃れてきた避難民の家族のテントでいっぱいでした。このような次第で、韓国で新しい生活を始めた私たち家族の心には、いつも故郷を思い、思いがけず離れ離れになってしまった姉たちの安否を気遣う気持ちがいつもありました。とくに母は、北に残してきた二人の娘たちのことを思って、時々涙を流して苦しんでいました。

両親が抱いている故郷への望郷の念と二人の娘たちへの痛切な思いは、韓国で生計を立てるための疲労困憊《こんぱい》の日々と時の流れの中で、少しは薄れていったかもしれません。しかし、それは決して彼らの脳裏から離れなかっただろうと私は思います。

私もまた、故郷での暮らしは長くはなかったものの、いつも心に浮かぶのは生まれ故郷への思いです。父の影響もありましたが、神学校には平壌《ピョンヤン》教区の所属ということで入学し、司祭に叙階された後も祖国の統一や、北朝鮮に関連する司牧を行いたいという希望を常に持っていました。

そしてその希望どおり、司教会議の「民族和解委員会」で活動するようになった私は、両親があれほどまで恋しく思っていた北朝鮮を、彼らの代わりに訪問する機会を得ました。その時には父はもう他界していましたが、母に「平壌に行ってきます」と話したところ、これ以上ないというほどに喜んでくれました。当時、私は北朝鮮の関係者に、生き別れになった姉たちのことを話しておきました。「彼女らの消息が分かれば、うれしく思います」と伝えておいたのです。果たして彼らは私にこう伝えてきました。

「一番上の姉は亡くなり、二番目の姉は生きている」と。北朝鮮訪問を終えて戻り、このつらい知らせを姉と母に知らせると、二人は声を上げて泣き崩れました。それは普段、いつも毅然としていた母の姿からは想像もつかないものでした。

母にとっては娘たち、姉にとってはお姉さんにあたる二人の姉。あれほど切望していた故郷の地を踏むことも、あれほど会いたかった二人に会うことも叶わないまま、母も姉もこの世を去りました。

これからも継続的に離散家族の再会が行われ、たくさんの離散家族が心安らかに眠りにつけるようにすること。それこそが、南と北のすべての政治家が何よりも優先すべきことです。離散家族の再会は、南北の政治的な利害関係や経済的実利とはまったく関係のない、人間本来の人道的な訴えです。離散家族の再会をはじめ、政治問題を離れた宗教、文化、芸術、スポーツの交流を通じて南と北の相互信頼が進んでいけば、政治・経済の問題も徐々に解決に向かっていくものと私は確信しています。

北朝鮮軍兵士の墓地でのミサ

私たちが住むこの議政府《ウィジョンブ》教区の中に、北朝鮮軍兵士の墓地があることを知ったのは、つい最近のことでした。これほどまでに、忘却と無関心のうちに打ち捨てられていた北の兵士たちの墓地。もしかしたらそれは、少しの嫌悪感をもって捨て置かれ、眺められていたのかも知れません。しかしその存在自体が、私たち教会に携わる宗教者にとって、「ゆるしと平和」について考える最大の機会のようにも思えます。

七十年以上、分断の歳月を過ごしながらも、まともに実行できなかった北のきょうだいたちへの愛の回復を心に誓いながら、私は北朝鮮の兵士たちの墓地で慰霊のためのミサをささげました。ゆうに六十年以上、誰一人として訪ねて来なかった孤独な魂を慰めたいという願い、そしてこの地に眠る霊魂が神さまの慈しみによって永遠の安息を享受しますようにという祈りと共に、ミサをささげたかったのです。

たしかにこの墓地の名前が示す通り、この地に眠る人たちはかつての戦争時に私たちとは敵として戦った北朝鮮軍と中国共産党軍（当時）です。でも今は、あの戦争から六十年以上も過ぎたのです。彼らの霊魂を慰めて祈りをささげなければならない人たちとは誰でしょう？　それは私たちイエス・キリストを信じる者たちであるべきです。

中国共産党軍の遺骨は最近になって中国に帰還し、かの地で弔われましたが、北朝鮮軍兵士の遺骨はまだこの地に埋葬されたままです。この死者たちの身元についてはまったく知る由《よし》もありません。また、ほぼすべての墓碑の裏に刻まれた「無名戦士」という文字を見て初めて、その戦闘の熾《し》烈さで有名な落東江《ナクトンガン》の戦い（注20）と丹陽《タニョン》の戦い（注21）における戦死者だということが分かるのです。韓国政府がこの墓地を造成した理由は、ジュネーブ条約（注22）によるものでした。

敵軍の兵士といえども戦死者に対しては手厚くそれを埋葬し、墓碑を整えなければならないというものです。このジュネーブ条約の精神は、「たとえ敵であっても、それは神が創造された尊厳ある人間です。だからお互い、人間としての尊厳を守り、過ぎ去った過去を赦し、きょうだい愛を回復しましょう」というところにあります。

神さまのみもとに行けば、私たちは皆、一人の例外もなく神の憐れみを乞う小さき者にすぎません。そこでは、生きている間の身分の上下は関係ありません。そして何よりキリスト者は、神さまの慈悲を乞うために祈る者たちです。打ち捨てられ、誰一人訪ねて来ない彼らのために祈りましょう。

シン・ペドロおじいさん

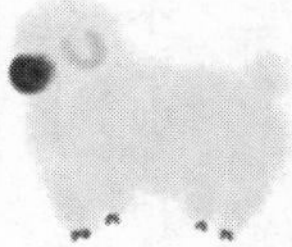

数日前、ロシアのサハリンに住む高齢の信徒、シン・ペドロおじいさんから電話が来ました。電話の声が遠かったので、彼の要件は理解できましたが、私の話すことはまったく聞こえなかったようでした。

シン・ペドロおじいさんを初めて知ったのは、一九九三年の夏、日本でのことでした。その当時、東京カテドラル（カトリック関口教会）と同じ敷地内にあった東京大司教館におられた東京大司教区教区長の白柳誠一大司教様（後に枢機卿）が、ある時、在日韓国人信徒の司牧をしていた私を呼びました。

「サハリンに住むカトリックの友人から、ぜひ現地を訪ねてほしいという手紙が届きました。李神父様、私の代わりに訪問してくださるとうれしいです」

サハリンはロシアの辺境の地として、旧ソ連共産党による支配からゴルバチョフによる改革開放まで、五十年近くにわたって宗教の自由が許されなかった場所です。シン・ペドロおじいさんは、改革開放後にビジネスでサハリンにやって来た日本人商社マンに頼んで、白柳大司教様宛ての手紙を託したのだそうです。手紙の内容は、一、聖書など教会関係の書籍を送ってほしいこと。二、訪問に合わせて長い間、牧者に会うことができなかった「教会の羊たち（信者のこと）」、を訪問してほしいという切実なお願いでした。

大司教様の依頼を受けた私は、聖書をはじめ、お米、テンジャン（韓国の味噌）、カレーなどのお土産をいっぱい用意してサハリンへと向かいました。

サハリンには、日本の植民地時代に労働者として韓半島から連行された人たちとその子孫たちが住む、私たち民族にとっても痛烈な歴史の残る場所です。

シン・ペドロおじいさんは一九四二年頃、小学校二年生の時、サハリンの日本人の聖堂でカトリックの洗礼を受けました。一九四五年、日本の敗戦によって日本人の司祭や修道女たちは全員日本に引き揚げましたが、それと同時にサハリンの教会は数名にも満たない信者と共に、信仰の自由のない「沈黙の教会」へと変わったのです。しかし、そうした中にあってもシン・ペドロ少年は、その後、半世紀という長い年月、毎日欠かすことなく信者として祈りの生活を守り続けてきたそうです。事実、私たちが訪問した当日も、夕食を食べ終わるとすぐに洋服に着替えて、私たちに「さあ、夕べの祈りをささげましょう」と誘いました。私はこのシン・ペドロおじいさんを見て、信仰の力がどれほど偉大ですばらしいかを、深く考えるようになりました。日本人の教会関係者が引き揚げた後、幼い小学生だったかつてのシン少年の周りには、信者と言えるような人は誰一人おらず、宗教の自由すらもなかったのです。そんな環境の中でも長期間にわたって信仰を忘れず、祈りと共に生きてきた彼の半生というものが、私には奇跡のように思われるのです。

北朝鮮には、サハリンに比べるとはるかに多くの信者がいました。ですから、たとえ今は宗教弾圧や迫害が過酷であっても、このシンおじいさんのような信仰のある人たちがたくさん暮らしているのではないかと私は思うのです。

平壌《ピョンヤン》では長忠大聖堂もかなり前に建てられており、南北の教会の交流や西方教会（ローマ・カトリック）の信者たちとの会合も珍しいとは言え、形になってきています。主なる神さまのお助けによって、これからも北の地に信者の信仰共同体が育っていきますよう、切に祈っています。

シン・ペドロおじいさんは、幼少の頃に祖国を離れて以来、ずっと異郷の地で暮らしてきましたが、「自分が死んだら、祖国に埋葬してほしい」と言っていました。そしてその後、シン・ペドロおじいさんの願いは、多くの在サハリンの同胞たちのように、生存中に大韓赤十字社を通じて永住帰国という形で叶いました。シン・ペドロおじいさんは韓国に帰っても、アパートの警備員の仕事をしながら近所のカトリック教会に通って、レジオ・マリエの活動を一生懸命していたそうです。

韓国に戻ったシンおじいさんとはその後、頻繁には会えませんでしたが、復活祭やクリスマス、聖母被昇天の主日などには必ず先におじいさんの方からご連絡をいただき、カトリック教会の大祝日の喜びを、いつも祈りのうちに忘れずにいることを伝えてくださいました。

そんなシンおじいさんでしたが、八十歳を越えてからは気力の衰えと共に、長年住み暮らしたサハリンが恋しくなり、サハリンで生活しているわが子たちにも会いたくなったようでした。そして結局、再び彼はサハリンに戻られたのです。

生涯、神さまを信じて揺るぎない信仰を生きて来られたペドロおじいさんが、子供たちが住む彼《か》の地で幸せに暮らし、平安のうちに神の国へと召されますようにと祈りをささげます。

望郷の念は心の奥深く

故郷を離れて、異国の地で暮らしたことのある人なら知っているはずです。故郷がどれほど恋焦がれるものであるのかを。異国暮らしの経験がない人には、この骨身に沁みるような望郷の気持ちは理解し難いものかもしれません海外で同胞司牧を担当している司祭たちは、外国人労働者や多文化の家庭が多い環境の中で、移住者のための司牧を行っています。その中で司祭たちがしなければならない大切な役割の一つが、ホームシックを癒やしてあげることではないかと思います。

東京で在日韓国人司牧をしていた時、大阪でミサをささげることになりました。外国の駐在員や留学生の多い東京とは異なり、大阪は昔から日本に来て定住することになった在日の人たちが数多く住む地域でもあります。彼らのためにどんなお説教をしようかと黙想し、そして心に浮かんだのが「イスラエルの神さま」でした。

神さまは「異邦人に対して親切にしなさい」とおっしゃっています。旧約聖書で神さまはイスラエルの民、とくに夫を亡くした女性や孤児、そして故郷を離れて住んでいる寄留者たちによくしてあげなければならないと強調されました。

神さまは故郷を離れて孤独に暮らす人たちをとくに心にかけ、愛してくださるお方です。そのことを、異国の地で暮らす同国人の信者さんたちに気付いてもらえたら、きっと大きな慰めになるのではないかと思いました。

この世界にはどこにでも、遠く故郷を離れて生活する人たちがたくさんいます。私たちの民族もまた、不幸な歴史に翻弄され、やむを得ず故郷を離れて暮らすことになった人びとが数多くいます。日本の植民地時代に強制的に日本へと連行され、炭鉱や過酷な職場に送られて帰国もままならず、日本に留まることを余儀なくされた人たち。また、祖国の土を踏みたいと歯を食いしばり、満州（現在の中国東北部）の原野に自らを駆り立てていった独立の闘士たちとその子孫。彼らはどれほど祖国の解放を熱望していたことでしょう。そんな彼らが、生計を立てるために流れ流れてたどり着いていった場所。それが日本やサハリン、中国大陸やロシアだったのではないでしょうか。

時の経過と共に良い時代になって、今では彼らと会って話をすることができるようになりました。そして不思議なことに、そうした方たちとお会いして話を伺うと、どの方のお話も、あたかもまるで一編の大河ドラマのような実に数奇な体験談を聞かせてくださるのです。

私が日本で同胞司牧をしていた頃、こうした方がたくさんいらっしゃいました。白髪《しらが》の高齢者となった彼らは、自らの苦しいまでの望郷の思いを「天国という故郷」を恋い慕う気持ちへと昇華させることで癒やしてきたのです。

こうした方々の中でも、とくに私の記憶に残っているのは、シスターインノチェンツィアでした。シスターに会ったのは、私が日本に派遣されて間もない頃のことでした。と言っても、シスターはもはやご存命ではなく、鎌倉の美しい海を臨む修道院の聖堂で行われた彼女の葬儀ミサでのことでした。彼女の入会前の名前はヨンさんで、八十歳まで長生きして天に召されました。シスターは二十歳で来日し、早い時期に修道会に入会されたそうです。朝鮮半島出身者が経験しなければばならなかった民族差別とやるせなさに命を削る思いをしながら、故郷を離れて異邦人として修道生活に精進した彼女は、静けさのうちに愚痴もこぼさず、自身に与えられた仕事をこれ以上はないというほど心を込めて果たして、奉献生活を全うされたということです。

年老いてからシスターインノチェンツィアは、東京の在日韓国人信徒の担当に任命されました。後年、シスターはご自身の修道生活を振り返って、「一番幸せだったのは、東京で同胞の韓国人信者の皆さんと一緒に過ごした時でした」と常々話していたそうです。彼女はいつも故郷を懐かしんで、病の床に就く前に最後に訪れたのも、当時、六本木のフランシスカンチャペルセンターにあった東京韓人教会のお聖堂《みどう》でした。東京で同胞のために司牧を開始する私のためにわざわざ挨拶にも立ち寄ってくださいました。あいにくとその時、私が席を外していたため会えなかったことをとても残念がっておられたと後で聞きました。

死の床に就かれてからは、意識のない状態の中で、韓国語でうわごとを言っていたそうです。六十年使っていないため、忘れてしまってても少しもおかしくないはずの韓国語でうわごとをつぶやいていたとの話を聞いて、私は涙をこらえることができませんでした。もしかしてシスターインノチェンツィアが臨終の瞬間まで心の奥深くに大切にしまっていたもの、それは切ないまでの祖国への郷愁だったのではないかと思います。

彼女だけでなく、私たちの周りにも、長い年月を望郷の消えぬ思いを抱いて暮らしている人たちがたくさんいます。外国人労働者の人びと、国籍の異なる他文化の家族、そして脱北者の人たち……。キリスト者こそが、こうした人びとの良き慰め手、良き隣人にならなければならないと痛感しています。

私は同胞司牧を終えて韓国に帰国するにあたり、国に帰ったら韓国で暮らす外国人の方たちに親切に対応しようと強く決心しました。それは外国で暮らし、時にはつらく孤独だった異邦人としての自分自身の体験と、日本の教会関係者の皆さんからいただいた温かな配慮とご尽力に対する感謝のためでした。

正直、当時を振り返ってみますと、恥ずかしい振る舞いも多々ありました。こうした経験のすべてを土台に、やむを得ない事情で生まれ故郷を去らなければならなかった人たち、とくに私たちの地域で暮らす外国の方たちの大いなる癒やしと力になれるような、そんな温かい司牧者にならなければならないとの誓いを今、新たにしているところです。

わたしがあなた方を愛したように、
あなた方も互いに愛し合いなさい。
互いに愛し合うなら、
それによって人はみな、
あなた方がわたしの弟子であることを、
認めるようになる。

（ヨハネによる福音13・34―35）

【注】

注① 二〇〇四年にソウル教区から独立した、韓国のカトリック教会で最も最近新設された教区。ソウル教区の北に隣接し、京畿道北部の広い地域を管轄する。信者数三十一万五千六百二十八人、司祭数二百十九人、司教は二人（韓国天主教会 二〇一九年統計）。韓国は日本（二〇二三年十月以降、十五教区に）と同じく十六の司教区があり、このうち一つは「軍宗教区」。

注② フランスの小説家・批評家（一八八八—一九四八）。二十世紀を代表するカトリック作家。代表作に『悪魔の陽の下に』、『よろこび』、『田舎司祭の日記』など。

注③ （「さん・いち」。「3・1万歳運動」とも）。一九一九年三月一日、日本統治時代の朝鮮で発生した大日本帝国からの独立運動。第一次世界大戦期の民族自決を求める高まりの中で起こった、世界的な反帝国主義の民族蜂起。

注④ 朝鮮半島を南北に分断し、南の韓国と北の北朝鮮を分ける軍事境界線のこと。北緯三十八度に沿って作られているため、こう呼ばれる。

注⑤　ジャン・バッティスト・マリー・ヴィアンネー（一七八六―一八五九）。フランスのカトリック司祭、聖人。エキュールの小教区で助任司祭を務めた後、リヨン郊外の小村アルスの小教区に派遣。亡くなるまで同地で働いた。毎朝四時に起き、灯を手に墓地を横切って聖堂に行き、聖櫃の前で何時間もひざまずいて祈り続けた。一九二五年、教皇ピオ十一世は「司祭の保護者」と宣言し、列聖した。祝日は八月四日。

注⑥　レモ・ジャゾットが作曲した弦楽合奏とオルガンのための楽曲。一九五八年に初めて出版された。今日、葬儀の際に最もよく使用される曲の一つ。

注⑦　英語名＝ジョゼフ・バーナーディン。米国シカゴ教区大司教で枢機卿。謙虚な人柄と霊的な著作を通して何百万人とも言われる人びとに影響を与えた。晩年、少年への性的虐待の嫌疑をかけられ、激しい非難の中で苦悩の日々を過ごしたが、後に告発者の虚言が判明し、無罪が証明された。しかし、その時には膵臓癌に侵されていて、六十八歳で没した。生前、東京大司教の白柳誠一枢機卿とも親交があった。『やすらぎの贈物』（ドン・ボスコ社刊）の原題は、“Gift of peace”。

注⑧　日本での名称は「日韓司教交流会」。一九九五年、マニラでの「第六回アジア司教協議会連盟（ＦＥＢＣ）総会で、当時の日本カトリック司教協議会会長の濱尾文郎司教（後に大司教、枢機卿）と韓国司教協議会会長の李文熙（イ・ムンヒ）大司教との間で話し合いが持たれ、翌一九九六年に第一回を東京で開催。以後、会を重ねるごとに参加する司教の数も増え、現在はほぼ全員の司教が参加している。当初は日韓の司教たちの歴史認識がテーマだったが、その後、両国の教会が抱える福音宣教の課題を学び、分かち合い、相互の理解と親睦を深める場として、隔年ごとに開催国を代えて毎年開かれている。

注⑨「主の祈り」一回、「アヴェ・マリアの祈り」十回、「栄唱」を一回、これを「一連」という。この一連が五回巡ると、「一環」となる。

注⑩大気中に浮遊している直径2・5P・M（マイクロメートル）以下の極めて微細な粒子のこと。別名「微小粒状物質」。体内に取り込むと肺の奥にまで入りやすく、呼吸器系に影響を与えるとされ、循環器管への影響が心配されている。その成分は、炭素成分、硝酸塩、硫酸塩、ケイ素、ナトリウム、アルミニウムなど。

注⑪年に一度、司祭・修道者に義務づけられている長期の黙想のこと。修道会では、各会の会憲によって黙想の期間が異なる。日常の生活環境や仕事から一定期間離れて、自分の霊的生活に必要な決心をするために孤独な場所に身を置き、沈黙の中で黙想・反省・祈りに潜心する。

注⑫　ドイツ人カトリック司祭（聖ベネディクト修道会）。古代教父思想が専門で、とくに現代心理学との関係について研究している。ユング心理学に造詣が深く、スピリチュアル・カウンセラーやセミナーの講師としても活躍する。魂の安らぎを与えるその著作の数は三百を越え、世界三十カ国語に翻訳されている。

注⑬　韓国初のカトリック枢機卿（一九二二―二〇〇九）。殉教者の金永久錫（キム・ヨンソク）の子で、大邱《テグ》に生まれた。二人の兄も司祭。日本、西ドイツ（当時）に留学し、韓国の週刊カトリック新聞の編集長を務めた。ソウル大司教に任命された翌年、一九六九年に枢機卿に親任。韓国カトリック教会の最高指導者として、人権、社会正義、平和問題に積極的に発言し、社会、政治、国民全般に強い影響を与えた。

注⑭　オランダ人カトリック司祭（一九三二―一九九六）。イエール大学およびハーバード大学で実践神学の教授を務めた。稀代の説教師であり、現代社会におけるスピリチュアリティーの研究、およびキリスト教社会福祉学の立場からの学術的研究で世界的に高く評価されていた。ジャン・バニエがカナダのトロントで「ラルシュ共同体」を創設する際は、その理念に深く共鳴し、一九八五年に突然、大学教授の要職を投げ打ってラルシュに移り住み、亡くなるまで知的ハンデイの人たちと祈りと共同生活を送った。ナウエンの霊性に関する福音解釈や聖書理解は、カトリックのみならずプロテスタント、とくに福音派の人びとからも高く評価されている。その著書は日本でも多く翻訳されている。

注⑮　一九六四年、フランス系カナダ人のジャン・バニエによって創設された。知的障がい者とそうでない人とが助け合って共同生活を送る国際的なコミュニティー。日本では静岡に「ラルシュかなの家」がある。「ラルシュ」とはフランス語で「箱舟」の意。

注⑯　アイルランドに伝わる「ロンドンデリーの歌」に歌詞を付けた楽曲。第一次世界大戦の前年一九一三年に発表された。出征する子を思う母親、または父親の切ない心情が、哀愁を帯びたメロディーと共に描写されている。

注⑰　イギリスの小説家（一九〇四―一九九一）。オックスフォード大学在学中の一九二六年、英国国教会（アングリカン・チャーチ）からカトリックに転籍。カトリックの倫理をテーマに据えた数多くの作品を発表した。小説のほか、映画批評、戯曲、児童文学など、その活動は多岐にわたった。映画「第三の男」の脚本でも知られる。

注⑱　ラテン語の直訳は、「またあなたの霊と共に」。日本では二〇二二年の待降節第一主日から施行された「新しいミサの式次第」で、「またあなたとともに」としている。

注⑲　英語「DeMiritarized Zone」の略。直訳すると「非武装地帯」。危険な領域と安全な領域の中間にある「緩衝地帯」を指す。韓国と北朝鮮との間にある非武装地帯のこと。

注⑳　朝鮮戦争時の一九五〇年八月三日、侵攻してきた北朝鮮軍を防ぐため、米韓両軍が洛東江《ナクトンガン》の川に架かっていた橋を爆破。橋の上にいた多くの避難民が犠牲になった。この激戦で劣勢だった国連軍が北朝鮮軍の侵攻を食い止め、反攻に転じる契機となった。

注㉑　朝鮮戦争における激戦地。一九五〇年七月六日、韓国軍第八師団が韓国のほぼ中央に位置する丹陽《タニャン》の地に進出して南漢江《ナムハンガン》沿いに防御陣地を構築、侵入してきた北朝鮮軍を阻止した。その後、兵力と火力不足のために一時撤退したが、再び盛り返し、北朝鮮軍を撃破した。

注㉒　一八六四年、スイスのジュネーヴで締結された、「戦時国際法として傷病者および捕虜の待遇改善のための国際条約」のこと。「戦地軍隊における傷病者の状態の改善に関する条約」、または「赤十字条約」とも呼ばれる。ベトナム民主共和国の独立を巡ってフランスとの間で展開した第一次インドシナ戦争を終結させるために、一九五四年にジュネーヴで開かれた和平会議で合意された休戦協定の「ジュネーヴ協定」とは別。両者はよく混同される。

あとがき

この度、私が司牧者として過ごしながら書き綴ってきた文章が日本語に翻訳され、また出版されること、とてもうれしく思っています。日本で五年間司牧していた時の思い出が改めて偲ばれます。私が司牧していた「東京韓人教会」に度々足を運んで励ましてくださった白柳誠一枢機卿様の気さくで温かなお姿が思い起こされます。そしてまるでお兄さんのように親身になって世話をしてくださった深水正勝神父様、日本に来て不安と孤独の中、東京カテドラル関口教会の広いお庭を行き来しながらロザリオの祈りをささげていた時に、いつの間にか隣に来てたどたどしい韓国語で一緒になって祈ってくださった澤田和夫神父様と出会えたことは、私の人生にとって大きな幸運でした。併せて関口教会で出会った多くの信者の皆さんの温かさとご親切も忘れられません。日本で過ごした五年間は私にとって、日本との友情を築く良い機会でした。この本が日本で出版できたのは、私たち議政府《ウィジョンブ》教区の司祭たちがカトリック横浜教区に派遣されて以来、度々日本と韓国を往来しながら良き友となってくださった横浜教区長のラファエル梅村昌弘司教様、セシリア伊藤典子様（カトリック二俣川教会）の働きが大きかったと思います。

また、韓国語から日本語への翻訳を引き受けてくださったマグダラのマリア真理様とアグネス具軟和《グヨナ》様、全体を通して監修をしてくださった私の長年の友人マテオ李源圭《イウォンギュ》神父様に改めて感謝します。そして日本での出版を快く引き受けてくださったサンパウロ総主事のブラザー徳田隆仁様と編集部の皆様に心からのお礼を述べたいと思います。

「カムサムニダ（ありがとう）！」

二〇二三年十一月十三日

カトリック議政府《ウィジョンブ》教区長

司教　ペトロ李《リ》　基憲《キホン》

＊聖書の引用はフランシスコ会訳聖書に準拠

著者紹介

李 基憲（リ・キホン　ペトロ）

1947 年、現在の北朝鮮・平壌に生まれる。朝鮮戦争の勃発に伴い、1951 年、四歳のときに家族で韓国に脱出。同国で成長する。1975 年、ソウル教区から司祭に叙階。1990 年から 1995 年まで日本に派遣され、「東京韓人教会」の主任司祭を務める。1999 年、韓国・軍宗教区の第二代教区長。2010 年、議政府教区の教区長に任命され、同年、日本と韓国の司教たちの相互交流と学びの場､「韓日（日韓）司教交流会」の韓国側の担当司教を 11 年間務めた。

訳者紹介

マグダラのマリア真理

東京外国語大学卒。前職から現職のＩＴ企業に至るまで、韓国語業務に従事。趣味は韓国の殉教地や教会巡りに出かけること。

具 軟和（グ・ヨナ）

韓国・ソウル生まれ。釜山外国語大学卒。東京純心女子大学日本語・韓国語講師、留学生指導教員、武蔵野大学、お茶の水女子大学韓国語非常勤講師を経て、同大学で韓国語の講義を担当。

共《とも》に泣《な》いてくれる人《ひと》

著　者── 李　基憲
訳　者── マグダラのマリア真理
　　　　　具　軟和

発行所── サン パウロ

〒160-0011 東京都新宿区若葉 1-16-12
宣教推進部（版元） Tel. (03) 3359-0451　Fax. (03) 3351-9534
宣教企画編集部　Tel. (03) 3357-6498　Fax. (03) 3357-6408

印刷所── 日本ハイコム㈱

2023 年 11 月 20 日　初版発行

ISBN978-4-8056-6327-1　C0016
落丁・乱丁はおとりかえいたします。